行動経済学が最強の学問である

「行動経済学」博士
米国「行動経済学」コンサルタント
相良奈美香

SB Creative

ビジネスパーソンにとって、
行動経済学ほど
「イケてる学問」はない。

現に世界のビジネス界では、
その影響力はますます強まっている。

今、世界の名だたるトップ企業で、
「行動経済学を学んだ人材」の
争奪戦が繰り広げられている。

1人の人材獲得に何千万円もの資金が動き、
企業には「行動経済学チーム」
まで設けられている。

さらに、ビジネス界の要請を
受けた世界のトップ大学が、
「行動経済学部」を設け始めている。

ＭＢＡのように、
一度社会に出たビジネスパーソンが
行動経済学を学んでいる。

もはや行動経済学は、

「ビジネスパーソンが今、最も身につけるべき教養」

となっているのだ。

しかし、行動経済学は
新しい学問であるがゆえに、
これまで体系化されてこなかった。

理論を一つ一つ丸暗記するしかなく、
なかなか「本質」がつかめなかった。

そこで本書では、基礎知識を押さえた上で、

「ナッジ理論」
「システム1 vs システム2」
「プロスペクト理論」から、
「不確実性理論」
「身体的認知」
「アフェクト」
「パワー・オブ・ビコーズ」まで、

「主要理論」を
初めて体系化するという、
これまでにはなかった手法により
行動経済学を解説する。

行動経済学が最強の学問である

プロローグ

いま世界のビジネスエリートがこぞって学ぶのが「行動経済学」

――グーグル、アマゾン、ネットフリックス…。

世界の企業が「行動経済学チーム」を設けている

突然ですが、皆さんは「行動経済学」という学問に対して、どんなイメージを持っているでしょうか。


「経済学のいち分野？」

「マイナーな印象」

「自分には関係なさそう」


そんな声が聞こえてきそうです。

図表1 行動経済学をビジネスに取り入れている「世界的企業」

グーグル	マッキンゼー・アンド・カンパニー	プルデンシャル・ファイナンシャル
アマゾン	デロイト	JPモルガン
アップル	PwCコンサルティング	ウォルマート
ネットフリックス	ダノン	ジョンソン・エンド・ジョンソン
メタ(旧・フェイスブック)	コカ・コーラ	マスターカード
マイクロソフト	INGグループ	ナスダック
Airbnb	AIG	ブラックロック
Uber	ノバルティス	Swiss Re Group
Spotify	nest	Betterment
CVS Pharmacy	Indeed.com	Allianz Global Investors

出典:“Example Companies Involved with Behavioral Economics”, Stephen Shu, PhD Official Website, July 1, 2018を基に作成

しかし、実は行動経済学は「いま世界のビジネス界が最も注目している学問」だと言ったら、驚くのではないでしょうか。

「行動経済学こそビジネスパーソン必須の教養」

いま世界では、こんなことがしきりに言われています。

現に世界の名だたる企業がこぞって行動経済学を取り入れ始めました。多くの企業が「行動経済学チーム」まで設け始めているのです(図表1)。

グーグル、アマゾン、アップル、ネットフリックスなどの巨大テック企業をはじめ、

マッキンゼー、デロイトなどのコンサルティングファーム、ＪＰモルガンなど金融系企業。ジョンソン・エンド・ジョンソンなどのメーカーから、ウォルマートのような小売業、さらにはアメリカ連邦政府やＷＨＯ、世界銀行のような公的機関まで、その影響は広範囲にわたって広がっています。

そして、このことは知らず知らずのうちに、私たちにも影響を与えています。

具体的には序章以降で紹介しますが、例えばアマゾンは商品ページで「アンカリング効果（Anchoring Effect）」という行動経済学の理論を用いて私たちの購買意欲を無意識にそそらせ、ネットフリックスは「デフォルト効果（Default Effect）」という理論を駆使して私たちが自然と動画を見るように促しています。また、グーグルは「確証バイアス（Confirmation Bias）」という理論を意識して採用面接をすることで、本当にいい人材を見極めています。

こういった企業には、ＣＯＯ（最高執行責任者）やＣＭＯ（最高マーケティング責任者）などと並んで、ＣＢＯ（最高行動責任者）を設ける企業すら出てきており、こういったところにも「いかに世界の企業が行動経済学に注目しているか」が表れているのです。

アメリカの求人で高まる「行動経済学〝熱〟」

高校卒業と同時にアメリカに渡った私は、オレゴン大学で行動経済学に出会ったのをきっかけに、同大大学院、および同大ビジネススクールで行動経済学を学びました。日本人としては数少ない「行動経済学の博士課程取得者」となります。

卒業後はあえて研究者の道は選ばず、アメリカでも数少ない「行動経済学コンサルティング会社」を設立し、代表に就任。アメリカやヨーロッパを中心に、金融、ヘルスケア、製薬、自動車、テクノロジー、マーケティングなど幅広い業界の企業に、「行動経済学をいかにビジネスに取り入れるか」、コンサルティングをしています。

アメリカはクライアントの名前を出すことに非常に厳しいため明言を控えますが、これまでコンサルティングをしてきた企業は、皆さんが知っている世界的な有名企業から中小企業まで多岐にわたり、手掛けたプロジェクトは100ほどにのぼります。

また、イェール、スタンフォードなどの大学や企業、国際的な基調講演などに招かれ、行動経済学を広める活動にも従事し、延べ千人以上に行動経済学を教えてきました。もうかれこれ20年近く、世界の最前線で行動経済学に携わっていることになります。

さて、話を戻しましょう。ビジネス界で行動経済学への注目が高まっていることから、いまアメリカでは行動経済学を学んだ人材が急激に求められるようになっています。

「もしも行動経済学を専攻していなかったら、グーグルになんか絶対就職できなかった」

こう語るのはペンシルベニア大学大学院で行動経済学を専攻した私の友人です。

アメリカの企業で今まさに起きているのは、「行動経済学専攻の学生の争奪戦」。私の大学院時代の友人の多くは教授として学問の世界にとどまりましたが、就職組の多くはＦＡＡＮＧ(Facebook、Apple、Amazon、Netflix、Google) で働いています。

また、試しにグーグル検索で〝Behavioral Economics job(行動経済学 仕事)〟と入れて検索し、ヒットする９カ月分の情報量を２０１２年と２０２２年で比較してみました。結果、２０１２年は２万３８００件ヒット、２０２２年は２７３０万件ヒットし、この10年で１１４７倍となっています。

求人情報そのものばかりではありませんが、「行動経済学 仕事」ということに急激に関心が高まったと言っていいでしょう。私が大学院生の２０００年代後半の頃は、行動経済学の学会に行っても参加者はほんの数十人。ほんの20年足らずで状況は激変しました。

これまで行動経済学のバックグラウンドを持つ人材の雇用に何度も関わってきましたが、いま行動経済学の博士課程を持つ人を採用するなら、初年度の年収は最低1500万円。教授をコンサルタントとして雇うなら、「時給30万円」なんてこともあります。

「教授をコンサルタントとして雇う？」

不思議に思うかもしれませんが、アメリカではよくあることで、新たな事業計画を立てたりビジネスを立ち上げたいというときは、スペシャリストを学問の世界から招きます。私が以前お世話になった教授の方々の中にも、アップルやマイクロソフトに引き抜かれた例もあり、名だたる大学の教授となると引き抜き合戦となることも珍しくないのです。

ハーバード、ペンシルベニア、カーネギー…。「行動経済学部」が次々新設

本来、大学は「社会で活躍できる人材」を育てるのが役割です。特にアメリカの大学は、

図表2 行動経済学が学べる「世界の大学」

大学名	学位／研究室	大学名	学位／研究室
ハーバード大学	修士号・博士号	ユニバーシティ・カレッジ・ロンドン	修士号
マサチューセッツ工科大学	博士号	ペンシルベニア大学	学士号
カリフォルニア大学ロサンゼルス校（UCLA）	博士号	カーネギーメロン大学	学士号
カリフォルニア工科大学	博士号	南カリフォルニア大学	学士号
シカゴ大学	博士号	ドレクセル大学	学士号
カンザス大学	博士号	イェール大学	研究室
セントルイス・ワシントン大学	博士号	スタンフォード大学	研究室
メリーランド大学	博士号	カリフォルニア大学サンディエゴ校（UC San Diego）	研究室
エラスムス・ロッテルダム大学	博士号	カリフォルニア大学バークレー校（UC Berkeley）	研究室
コーネル大学	修士号	コロンビア大学	研究室
ペンシルベニア大学	修士号	ニューヨーク大学	研究室
ロンドン・スクール・オブ・エコノミクス	修士号	オレゴン大学	研究室

※ビジネススクールや研究室も含む

社会で需要が高まっている「知識」や「スキル」を、積極的にプログラムに組み入れる傾向にあります。まして、「学部」が新しくできるとなると、相当な需要の高まりを意味します。

ここ数年、ビジネス界で行動経済学の注目が高まるとともに、ビジネススクールがカリキュラムに積極的に取り入れるようになり、さらには世界の大学で「行動経済学部」を創設する動きまでもが活発になってきました（図表2 ※日本の大学システムとは異なるので、ビジネススクールや研究室も含まれています）。

具体的には、ハーバード、イェール、ペンシルベニア、コーネル、コロンビアなどのいわゆる「アイビーリーグ」をはじめ、シカゴ、カーネギーメロン、スタンフォードなどで行動経済学を学べるようになりました。

これらの大学の修士課程で特徴的なのは、社会に出てキャリアを積んでから大学に戻り、行動経済学を学ぶ人たちが多いということです。例えば、私がアドバイザーを務めているペンシルベニア大学の行動経済学の修士号の50~90%は働いた経験がある人たちです。

世界のビジネス界から人が集まり、「行動経済学を、より良いキャリアにつなげる」という志向がますます強まってきているのです。

そして、これらの有名大学と有名企業とがタッグを組んで行動経済学を研究しており、例えばイェール大学はグーグル、メタ、IBMなどと共同研究しています。それくらい、行動経済学が社会的に重視されていることの表れでしょう。

――なぜ行動経済学が「最強の学問」なのか?

では、なぜ世界のビジネスエリートは行動経済学を学ぶのか? それは「経済(活動)」とは「人間の行動」の積み重ねであり、だからこそ「人間の行動」を理解することこそがキモになるからです。

B to B企業であれ、B to C企業であれ、あなたの企業の顧客は紛れもなく「人間」で、あなたを取り巻く上司や同僚、取引先も皆「人間」です。「経済（活動）」とは結局のところ、こういった「人間の行動の連続」で成り立っているのです。

そんな「経済（活動）」における「人間の行動」のメカニズムを解明する学問。だから「行動経済学」というネーミングなのです。

重要なのは、「なぜ人はそう行動するのか？」がわかるという点です。ただ単に「ある人がAをして、Bはしなかった」という過去の「行動の履歴」だけでは対策を導き出すのは難しいですが、「なぜBはしないのか？」がわかれば、「では、どうすればBをしてもらえるか？」が導き出せます。

このような「なぜ人はそう行動するのか？」を直感や主観的判断ではなく、「サイエンス」、つまりは「実験で証明された人間のセオリー」として理論化したのが行動経済学です。

結局、ビジネスの中心は「人間の行動を変えること」です。実際このような「なぜ？」を理解し、のちほど紹介するフレームワークを駆使して、「何千万、何億もの人々を一気に動かした」事例も世界各国であります。

この「圧倒的なインパクト」こそが「行動経済学が最強の学問」と言えるゆえんであり、このことに気づいているからこそ、世界のエリートはこぞって行動経済学を学んでいるのです。

──「主要理論」を初めて体系化した入門書

しかしながら、従来の行動経済学には欠点がありました。新しい学問であるがゆえに、体系化がされていなかったのです（図表3）。

行動経済学は「人間の行動」を理解する理論の集まりですが、分野やカテゴリー分けがされているわけではなく、混沌として、理論同士にもつながりはありませんでした。

ですから、行動経済学を学ぼうと思ったら、それぞれの理論をただただ断片的に丸暗記するしかなく、なかなか「本質」がつかめません。実際、私のもとにも「まとまりがなくてわかりづらい」「結局、行動経済学って何ですか？」という声が後を絶たなかったのです。

そこで本書では、図表4の「新しい学び方」を提案します。詳しくは序章に譲りますが、「行動経済学の本質」を明らかにするとともに、その本質を理解するための「3つのカテゴ

図表3 従来の「行動経済学」の学び方

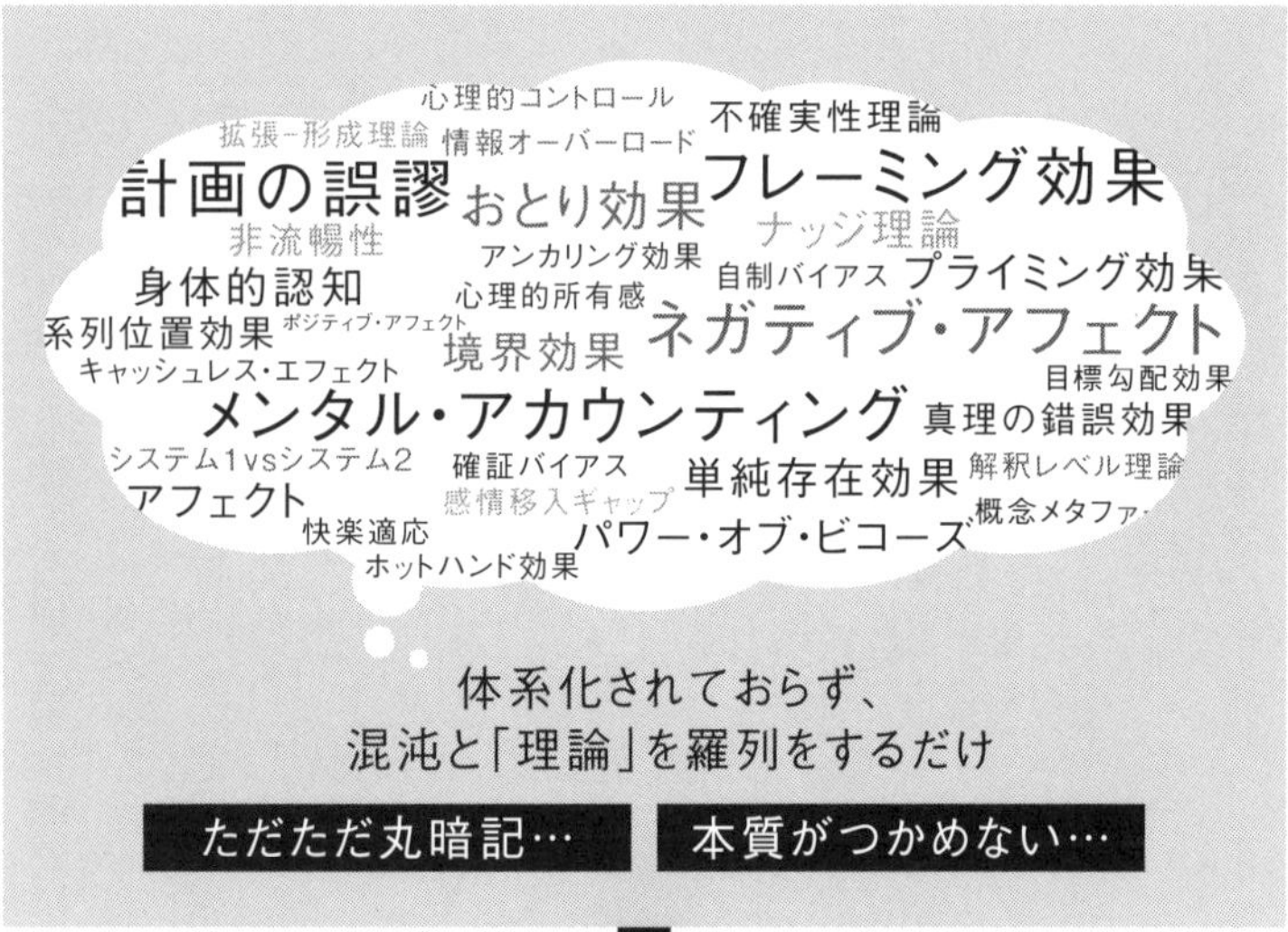
心理的コントロール
拡張−形成理論
情報オーバーロード
不確実性理論
計画の誤謬
おとり効果
フレーミング効果
非流暢性
ナッジ理論
アンカリング効果
身体的認知
自制バイアス
プライミング効果
心理的所有感
系列位置効果
ポジティブ・アフェクト
境界効果
ネガティブ・アフェクト
キャッシュレス・エフェクト
目標勾配効果
メンタル・アカウンティング
真理の錯誤効果
システム1vsシステム2
確証バイアス
解釈レベル理論
単純存在効果
アフェクト
感情移入ギャップ
概念メタファー
快楽適応
パワー・オブ・ビコーズ
ホットハンド効果
体系化されておらず、
混沌と「理論」を羅列をするだけ
ただただ丸暗記…
本質がつかめない…

図表4 本書の「行動経済学」の学び方

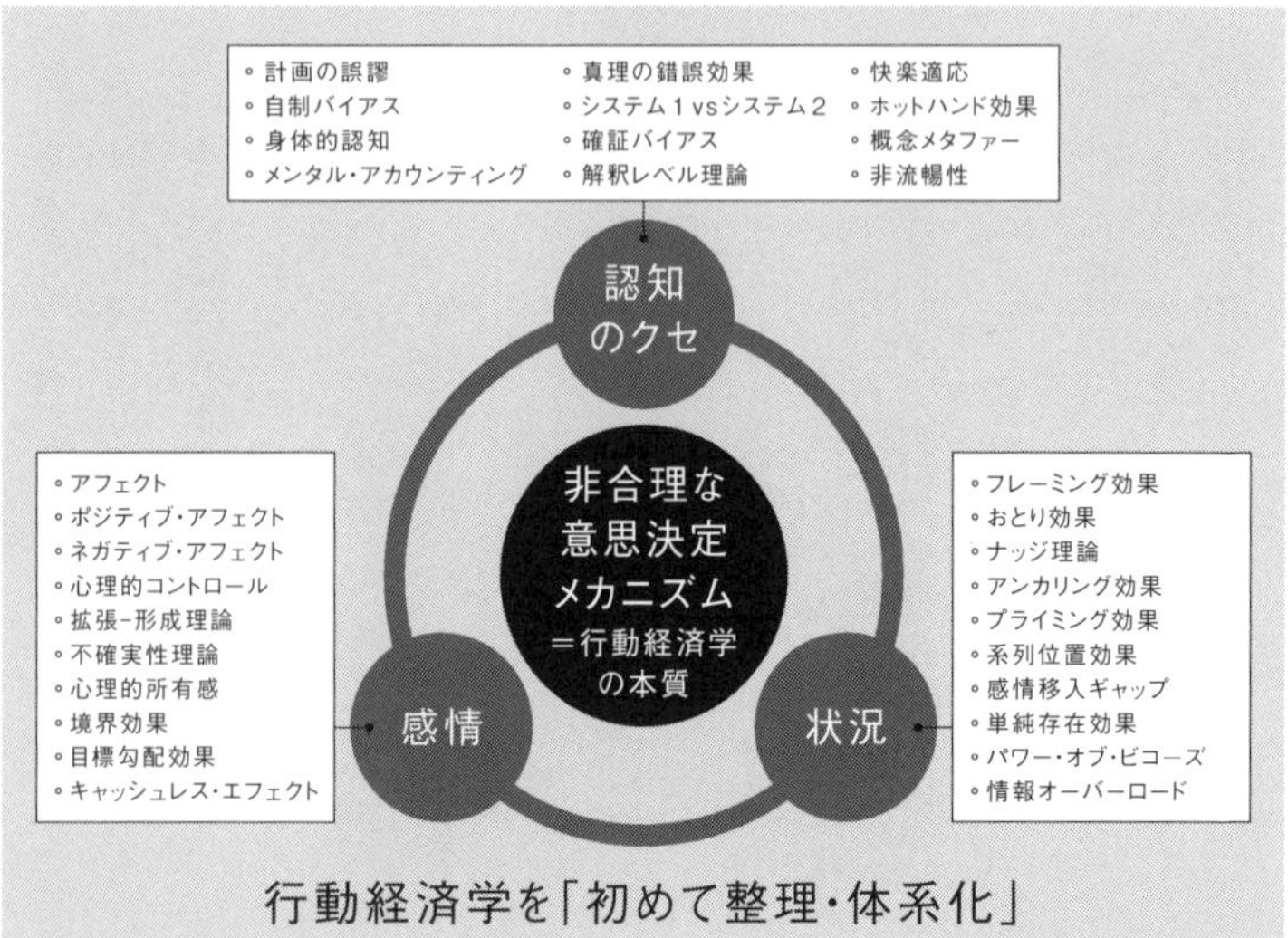
◦計画の誤謬
◦自制バイアス
◦身体的認知
◦メンタル・アカウンティング
◦真理の錯誤効果
◦システム1vsシステム2
◦確証バイアス
◦解釈レベル理論
◦快楽適応
◦ホットハンド効果
◦概念メタファー
◦非流暢性
認知のクセ
非合理な意思決定メカニズム
＝行動経済学の本質
感情
状況
◦アフェクト
◦ポジティブ・アフェクト
◦ネガティブ・アフェクト
◦心理的コントロール
◦拡張−形成理論
◦不確実性理論
◦心理的所有感
◦境界効果
◦目標勾配効果
◦キャッシュレス・エフェクト
◦フレーミング効果
◦おとり効果
◦ナッジ理論
◦アンカリング効果
◦プライミング効果
◦系列位置効果
◦感情移入ギャップ
◦単純存在効果
◦パワー・オブ・ビコーズ
◦情報オーバーロード
行動経済学を「初めて整理・体系化」

リー」を設け、それぞれの理論を分類することで体系化しました。

特に本書は「初めて行動経済学を学ぶ読者」を想定し、行動経済学の「基礎知識」から「主要理論」までを一冊で網羅しています。この一冊さえ読めば、ビジネスパーソンとして知っておきたい行動経済学の「教養」が一気に身につくように仕上げました。

一方で、すでに学んだことがある方も、行動経済学の本質から理解し直し、知識を体系化することで、理解が圧倒的に深まるでしょう。

ぜひ本書で「行動経済学の世界」への扉を開いてみてください。

「行動経済学」博士
米国「行動経済学」コンサルタント
相良奈美香

目次

第1章 認知のクセ

脳の「認知のクセ」が人の意思決定に影響する

第3章

感情

その時の「感情」が人の意思決定に影響する

第3章「概要」&「クイズ」

エピローグ

あなたの「日常を取り巻く」行動経済学

序章

本書といわゆる「行動経済学入門」の違い

序章の冒頭では、行動経済学を初めて学ぶ方のために、「そもそも行動経済学とは何か?」「なぜ生まれたのか?」といった基本的な知識から解説していきます。「経済学」と「心理学」が融合してできた新しい学問はどのように誕生したのか? 3人のノーベル賞受賞者や代表的な理論を基に説明します。

そうして、土台となる行動経済学の概要を紹介した後に、「従来の行動経済学の学び方」の問題点とそれを克服した「本書の行動経済学の学び方」をより具体的に解説していきます。

これが序章の全体像です。

本来、学問というものはいくつかの分野に分けられ、体系化がされているものです。例えば「経営学」であれば、「経営学」という一つの学問の中で、さらに「経営戦略」「マーケティング」「会計」「ファイナンス」「人・組織」「オペレーション」などの分野に分けられ、細かな理論はいずれかの分野に整理されることで、人は理解がしやすくなります。

しかし、これは「経営学」が長い歴史を持っているからこそなされていることでもあります。というのも「学問の体系化」というものは、さまざまな議論を経て、長い年月をかけてなされるからです。そのため、新しい学問であればあるほど、まだ整理がされていない混沌とした状態にあるのです。

行動経済学がまさにその代表例です。プロローグの図表3（P22）の通り、「人間の行動を理解するための「理論そのもの」は出来上がってきていますが、現状、それらを整理する「カテゴリー分け」は出来上がっていません。

では、今まで行動経済学を学ぶ人たちはどうしていたのでしょうか？ ただただ、一つ一つの理論を断片的に学んでいるのが現状です。これでは理解が深まらないので、「本質がつかめない……」「つまらない……」となってしまうのです。

そこで、本書ではまず「行動経済学の本質」を明らかにし、その本質を基に行動経済学を「認知のクセ」「状況」「感情」の3つにカテゴリー分けし、各理論を整理しました。それがプロローグの図表4（P22）です。
私が教えている中でも、このアプローチは非常に効果的でした。実際、「行動経済学って、こんなに面白かったんですね」という声を多数いただくようになったのです。

では、「行動経済学の本質」とは何なのか？
それが、

「人間の『非合理な意思決定のメカニズム』を解明する学問」

です。

「あれ？ さっき行動経済学は『人間の行動』を理解する学問と言っていなかった？」

そう思った方、安心してください。人の行動というのは、意識的であれ無意識的であれ、意思決定をした結果生まれるものです。あなたの脳が何かしようと意思決定したから、その何かを実行に移します。そして、人間とは常に合理的に行動するわけではありません。

むしろ、人間とは「非合理な行動」ばかりをしてしまう生き物。

ですから、「人間の行動」を理解することは、すなわち人間の「非合理な意思決定」を理解することなのです。序章で順を追って説明していきます。

さて、ここで、人間がついつい「非合理な行動（意思決定）」をしてしまうことを実感いただくために、一つクイズを出してみましょう。

Quiz

次のページにジェリービーンズ（キャンディーに属するアメリカのお菓子。中身は柔らかいゼリー）が入ったガラス瓶が2つあります。

それぞれ白色のジェリービーンズと赤色のジェリービーンズが入っていて、Aには合計100粒、うち91粒が白で9粒が赤。Bには合計10粒、うち9粒が白で1粒が赤のジェリービーンズが入っています。

一人一粒ずつ順番にジェリービーンズを引き、「先に赤色のジェリービーンズを引いたらお金がもらえる」というゲームをするとしましょう。ガラス瓶AとBのどちらから引いても構いません。

あなたが一番最初に引くことになりました。

さて、AとBのどちらのガラス瓶から引きますか？

A

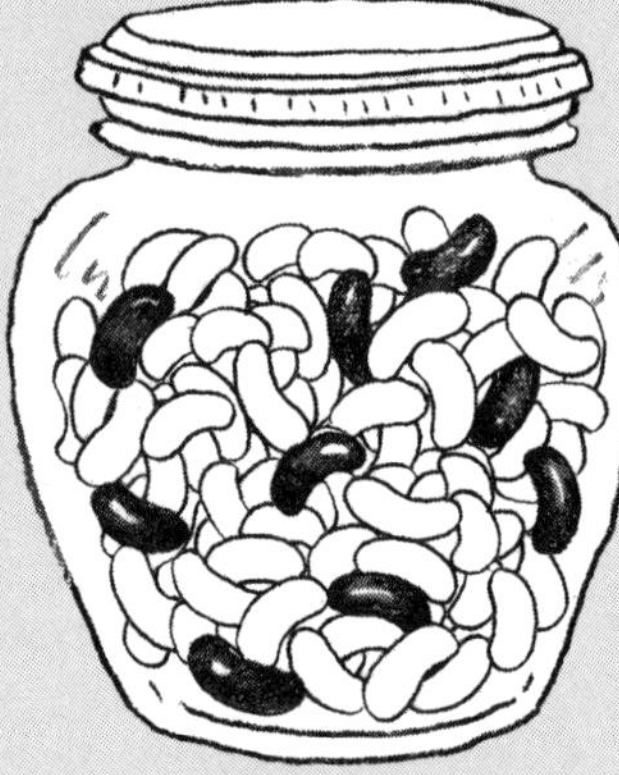

B

そもそも行動経済学は「なぜ生まれた」のか？

さて、あなたはAとBのどちらを選びましたか？

結論を先に言うと、多くの人がAを選んでしまいます。しかし、実は、Bを引いたほうが合理的です。

なぜならAには100粒のジェリービーンズが入っていて、赤色はそのうち9粒。ですから、赤色を引く確率は9％です。

一方、Bには10粒のジェリービーンズが入っていて、赤色はそのうち1粒。ですから、赤色を引く確率は10％で、Aよりも高確率です。

なのにもかかわらず、6割以上の人がAを選んでしまうという実験結果が出ています。

それは、人間が「確率」よりも、赤色のジェリービーンズの「数」そのものに目が行ってしまい、合理的な確率を基準に選ばないため、「いっぱい赤のジュリービーンズがあるほうが赤を引ける感じがする」と、9粒あるAを選んでしまうのです。

冷静に考えるとわかることなのに、判断を誤る――。これが実際の人間というものです。

このように、人間とは「非合理な行動（意思決定）」ばかりをしてしまう生き物。そんな「非合理な人間が、なぜ非合理な行動をしてしまうのか」を理解するのが、行動経済学です。

まずはその概略から見ていきましょう。

――「経済学」と「心理学」の素晴らしき結婚

「経済学」と「心理学」が融合した学問。それが行動経済学です。

「経済学」とはそもそもどんな学問でしょうか。経済学は「経済活動における『人間の行動』を解明する学問」です。お金が動く「経済」という枠組みの中で、人はどう行動するのか、それはなぜなのかを、明らかにし理論化しています。

「でもそれは、行動経済学の定義じゃなかった？」

と思った方。鋭いご指摘です。

そうです。もともと、行動経済学が誕生する前から、「経済活動における『人間の行動』を科学する学問」はあったのです。それが経済学でした。なのになぜわざわざ、行動経済学が生まれたのでしょうか。

それは、伝統的な経済学では全ての「人間の行動」を解明するには限界があったからです。詳細は後述しますが、人間は常に「合理的に行動する」としているのが伝統的な経済学で、「人は非合理な生き物である」という大前提が欠けていました。

実際、私たち人間は頻繁に「非合理な行動」をします。合理的に考えれば痩せたいならヘルシーであるAランチを頼んだほうがいいのに、太るとわかっていながらコッテリしたBランチを頼んでしまいます。将来のためにお金を貯めたほうがいいはずなのに、ついついスーパーのレジ付近の商品を「ついで買い」して無駄遣いをしてしまいます。

経済学は、人間を研究対象としているにもかかわらず、こういった「非合理」である人間の「心理面」が考慮されていなかったのです。

そこで、経済学には足りなかった人間の「心理面」を加える必要が出てきました。それが心理学です。2つの融合により、行動経済学が誕生。経済活動における「人間の行動」全般を解明することができるようになったのです。

そんな行動経済学は20世紀半ば以降に急速な発展を遂げた新しい学問で、3人のノーベル賞受賞者を出しています。

2002年、「行動経済学の父」と呼ばれるダニエル・カーネマンがノーベル経済学賞を受賞。共に研究していたエイモス・トベルスキーは残念ながら亡くなっていましたが、もしも存命だったら2人揃って受賞していたことでしょう。

イスラエル生まれの心理学者であるカーネマンはカリフォルニア大学バークレー校で博士号を得た後、主にアメリカで研究を続け、1979年「プロスペクト理論」を発表。のちほど詳しく書きますが、「人間の意思決定は非合理である」という画期的なもので、今日でも行動経済学の核をなす理論です。

次に登場する行動経済学のスターは、2013年にノーベル経済学賞を受賞したロバー

ト・シラー。彼は経済学者で、バブル経済を「根拠なき熱狂」と指摘しました。従来の経済学のように過去のデータを数学的に分析するだけでは市場を理解できない、株式の動きには「人々の心理状態」が影響しているというシラーの理論は、まさに行動経済学です。

さらに次の行動経済学によるノーベル賞受賞者は「ナッジ理論」を確立した経済学者のリチャード・セイラーで、2017年にノーベル経済学賞を受賞。カーネマンの「プロスペクト理論」を経済学にさらに結びつけ、行動経済学を広めました。もちろん、同様の論文を他の多くの研究者も発表していますが、彼はコラムや書籍を執筆し、一般のビジネスパーソンにまで行動経済学を広めた代表的な人物です。

このように急激に注目を集めた行動経済学ですが、私が博士課程の学生だった2000年代後半は「行動経済学（Behavioral Economics）という言葉自体がまだ定着しておらず、「意思決定心理学（Judgment and Decision Making）」と呼ばれていました。カーネマンも1991年出版の学術論文で、「行動経済学」ではなく、「トベルスキーと1969年に〝Judgment and Decision Making〟の研究を始めた」と述べており、当時はまだ「意思決定心理学」と呼ばれていたことが見て取れます。

ところがその後、2010年以降に「行動経済学」という言葉はあっという間にみんなが注目するものになりました。

――伝統的な経済学では「人間の行動」は解明できない

・「行動経済学の父」であるカーネマンとトベルスキーの専門は心理学
・シラーとセイラーの専門は経済学

行動経済学が「経済学」と「心理学」の融合であることは、この点からも明らかです。

カーネマンは心理学の中でも「意思決定心理学」に注目し、「人間の意思決定の非合理さ」を指摘。法則通りにはいかない曖昧で変わりやすい人間心理を、経済学に当てはめたのです。

では、経済学と行動経済学の関係性はどのようなものでしょうか？　ごく簡単な概要をまとめておきます。

そもそも現在の経済学の基本は、18世紀にアダム・スミスによって確立されました。彼は著書『国富論』の中で、

「市場経済において、各個人が自己の利益を追求すれば、結果として社会全体において適切な資源配分が達成される」

と主張。これが資本主義経済の中心にある「市場」についてのスミスの考えであり、仮に偏りが生じても「神の見えざる手」が働き、うまく調整されるとしました。

また、『国富論』より先に書かれた『道徳感情論』の中で、スミスは「人間にはさまざまな激情があるが、共感する力がある。義務と道徳を知れば正しい行動ができる」と述べています。

このような考えを持つ「経済学の父・スミス」の考えを受けた経済学は、「市場メカニズ

ムの中で動く人間も、常に理性的で正しい判断をする」という前提で構築されています。その後、複雑化する市場のメカニズムを解き明かそうと、マクロ経済学、統計学、金融工学などが生まれましたが、経済学の研究が行き着く先は数学、つまり徹底した「合理性」の世界です。

しかし、18世紀だろうと現代であろうと、時代を問わず市場経済は完全に合理的ではないことを、私たちは経験として感じています。理由は簡単で、市場経済の中には人間という「非合理な存在」がいるからです。また、残念ながらすべての人が義務と道徳を持ち合わせているわけではありません。さらに、「知っていても間違える」というのは、改めて説明するまでもないでしょう。

「合理的な個人を前提とする伝統的な経済学には限界がある」

そこで人間を理解するために生まれた心理学を経済学に融合させた「行動経済学」が生まれたのは、先にも述べた通りです。

行動経済学が花開いた「Save More Tomorrowプラン」

行動経済学が急速に広まったのは、「社会的ニーズ」にぴったりとハマったからでもあり、「経済学で解決できないことを埋めていったから」とも言えます。

例えば、行動経済学が誕生する以前、政府や企業は新たな政策やプロジェクトを考えるとき、経済学者にアドバイスを求めていました。確かに「合理性」に基づいた貴重な意見を聞けますが、現実と乖離してしまうこともしばしばありました。

そんな中、行動経済学を使って画期的なアドバイスをしたのが前述したセイラーと共同研究者のシェロモ・ベナルチ。とてもよく知られているのが「明日のために積み立てようSave More Tomorrowプラン」、略して「スマート（SMarT）プラン」で、行動経済学を世間一般に広めるきっかけとなりました。概略を紹介しておきましょう。

日本は20歳以上の全国民が国民年金に自動的に加入し、会社員は厚生年金にも加入します。つまり給与天引きで意識もせずに年金を納めます。

一方、アメリカの年金は「自分の意志で加入した人が受け取る仕組み」です。そのおかげで、なんと、米国国勢調査局によると、55歳から66歳の男女の5割が退職後の蓄えを保有していないという、なんともショッキングな結果が出ています。

もちろん大企業は確定拠出型年金を導入しています。「積立額を多くしておけば、将来たくさんの年金がもらえる」と、企業側は積立額を増やすように従業員に勧めますが、なかなか年金に加入しない人、加入しても増やせない人が多いというのが現状です。

「積み立てたほうが将来の自分のためになるのに、なぜ積み立てないのだろうか？」

合理的な個人を前提とする伝統的な経済学では解決できないこの疑問に答えてくれるのが行動経済学です。

1．イナーシャ(Inertia＝慣性)：人間には、面倒なことはやりたがらず「このままでいいや」としてしまうバイアスがある。このイナーシャのせいで、年金への加入が億劫になってしまう。

2．損失回避（Loss Aversion)：人間は、プラスの感情値（道で千円札を拾ったときの喜び）より、マイナスの感情値（千円札を落としたときの衝撃）のほうが大きい。だから貯金が1万円増えるより、今月の手取りが1万円減るほうが感情のインパクトが大きい。

3．現在志向バイアス（Present Bias）：人間は「今この瞬間」に重点を置くので、退職後の年金をもらう「未来の自分」については他人事のように感じる。だから将来の自分よりも、今の自分にお金を使いたがる。

このようなバイアスの結果、人間が合理的に考えるとやるべきことなのに、非合理な側面のせいで老後資金の確保がなかなか進まない。そんな中、セイラーとベナルチはバイアスをあえて有効活用することを提唱しました。

まずはイナーシャ。その対策としては、「我が社は基本的に全員、企業年金に加入してもらいます」というデフォルト（初期設定）を作り、手続きなしで加入できるようにします。もちろん、加入したくない人は「許諾しない意思表示（オプト・アウト）」により加入を回避することができますが、人とは面倒くさがりな生き物。大抵の人は、そのまま加入することになるのです。

次に損失回避と現在志向バイアスの顕在化を防ぐため、その企業年金は「昇給したら積立率も自動的に増える」という仕組みにしておきます。これなら手取りが減るわけではないので、抵抗なく積立額を増やせます。

さらに「強制でなく、いつでもやめられるし、掛け金をいくらにするかも自分で決められます」というルールを設けますが、これもイナーシャの影響で、みんな入社したときに加入した条件のまま変えることはありません。

その結果、自然と少しずつ積立額が増えていく……。

これは人の行動の引き金とバイアスを理解し、それを敢えて有効に使った、これまで最も顕著な成果を出した実例だと言えるでしょう。

ポイントは「ちょっとしたことを変えただけ」という点です。セイラーが提唱したこの理論は「ナッジ理論」と呼ばれますが、「ナッジ（nudge＝軽くつっつく）」、つまりさりげなく促すだけで、人々に影響を与え、行動を変えられることが証明されたのです。

２０１３年当時、セイラーと共にこの「スマートプラン」を進めていたベナルチの下で、私はコンサルタントをしていました。そのため、「スマートプラン」の成果に触れることが多々あり、自動加入を導入した会社は２００３年の際の14％から２０１１年には56％まで上がりました。個人の平均拠出率もたったの4年で3・5%から13・6%まで上がりました。

前述したように、伝統的な経済学は人間を「理想的」に捉えており、「正しい行動をするべきだし、するだろう」と考えていました。ところが行動経済学は、人間の「実際の行動」を具体的に解明し、理解します。そればかりか、非合理な行動を変えることもできる……。

「こんなに効果があるのなら、活用すべきだ!」

こうして行動経済学の認知度が高まっていく中で、アメリカでは行動経済学の実用化がますます進んでいったのです。

──「オバマ大統領の再選」と行動経済学

バラク・オバマが2度目の大統領の座を勝ち取ったことにも、実は行動経済学が関係していました。このことも、「スマートプラン」と並んで行動経済学が一般に広まるきっかけとなった出来事ですので、ここで触れておきます。

ヒラリー・クリントンと接戦の末の民主党代表候補。「停滞したブッシュ政権後の若き大統領」という期待。何より、「アメリカ初の黒人大統領の誕生」ということで、彼の初当選は、全米ばかりか世界中から注目と期待が集まった末の勝利と言えるでしょう。

しかし、「再選」となれば状況は大きく変わります。実際に国の舵取りをすれば、経済政策への不満などの批判も出てくる。その中で、一体どうやって大統領の座を維持するのか？

2012年、「オバマ再選」の勝利の鍵を握っていたのが、行動経済学でした。

激戦を勝ち抜くためにオバマ陣営は、行動経済学の第一人者でデータサイエンティストでもあるデビッド・W・ニッカーソンを選挙対策チームに招聘。行動経済学を使って、票を集める作戦でした。

選挙戦の鍵を握るのは「浮動票」です。

「民主党支持だからオバマに投票したいけど、選挙には行かないかも……」

選挙が盛り上がるアメリカですが、みんな忙しいのは日本と同じ。その結果、「行くつもりだったのに、何かと用事が入って行けなかった」で終わる人が多くいます。このような選挙に行くか行かないかの「微妙な人たち」の票をいかに集めるかで、命運が決まります。

オバマは民主党ですから、支持者は主に「リベラル」の層です。ニッカーソンらはまず、データサイエンスを使って、リベラル層の「微妙な人たち」が多く居住する地域を特定。その上で、行動経済学を使って、その人たちの「なんとなく行かない原因」を取り除く戦略を取ったそうです。

その戦略は思いのほかシンプルで、「微妙な人たち」に以下の3つの質問をするというものでした。

・選挙の日、何時に投票しますか?（時間）
・その日はどこから投票所に行きますか?（場所）
・直前にはどんな予定がありますか?（直前の予定）

重要なのは、この3つを「ただ聞くだけだった」ということです。ただ聞いて、「微妙な人たち」の頭の中に「当日の投票に行くまでの過程」を描かせてあげる。このシンプルな働きかけで、相手の中の「なんとなく行かない原因」が取り除かれたのです。

行動経済学に基づいたこの戦略が浮動票獲得につながり、オバマ再選に寄与したことは、行動経済学の見識者の間ではよく知られていることです。

その数年後の2017年には、行動経済学理論の提唱者である行動経済学者リチャード・セイラーがノーベル経済学賞を受賞。彼の著書『ナッジ』は世界的なベストセラーとなりました。

こうして、「スマートプラン」の過去に例のない成功や、「オバマ再選」への行動経済学の寄与などを通じて、ビジネス界でも行動経済学が一気に注目されることとなったのです。

――ネットフリックスで、「第2話」が自動再生されるワケ

こうして、行動経済学が広まった現代を生きる私たちの周りには、すでに行動経済学が組み込まれた商品やサービスが溢れています。特に効果的に使っているのはFAANGでしょう。

例えば、動画配信サービス・ネットフリックスは１９９７年の創業当初はＤＶＤのレンタル会社でしたが、２００７年から動画配信事業に移行しました。2億人を超えるユーザーを持ち、巨大ＩＴ企業に成長した大きな要因のひとつが、行動経済学を効果的に使ったレコメンド機能と言えます。

動画配信サービスは「何か面白いことがないかな？」という、年齢も性別も国も好みも違う人たちに応えるために、何百万ものコンテンツを揃えなければなりません。また、何百万というコンテンツはマーケティング戦略には必須でしょう。

しかし、あまりに数が多すぎると、ユーザーは選べない。では、どうするか？――そのために作られた戦略には、おそらく行動経済学が入っています。

ネットフリックスのユーザーならよく知っている通り、アプリを立ち上げ、自分の名前をクリックすると、すぐにいろいろとおすすめの番組が現れます。ユーザーはこのレコメンド機能に従って視聴できますし、さらに関連する番組も並べてくれるので、自分で深く考えなくても次々と好みの作品を選ぶことができます。また、アプリを利用すればするほど、どんな作品を好むかのデータが集まり、より精度は高くなります。

「人は情報も選択肢も多ければ多いほどいい」というのが合理的な個人を前提とする伝統

的な経済学の答えですし、消費者自身も顕在意識としては「たくさんの選択肢があったほうがいい」と考えます。

しかし、行動経済学は「情報や選択肢が多すぎると、人は最適な意思決定ができないばかりか意思決定自体ができなくなる」と解釈しています。詳しくは第2章で説明しますが、「情報オーバーロード」「選択オーバーロード」という状態です。

そこでネットフリックスは、何百万ものコンテンツを用意した上で、ユーザーが実際に目にする情報や選択肢については適量に絞って最適化している――それがレコメンド機能です。

アマゾンやディズニーなどの配信サービスも同じで、プログラムの第1話が終わると自動的に第2話が始まりますが、思い出してみればDVDの時代は自分で再生し、その都度「見続けるかどうか」を決定していました。その結果、今のようにだらだらと見続けてしまうことは少なかったのです。

しかし、今の配信サービスのように勝手に再生されたら、今の状態を続けたい「現状維持バイアス」という行動経済学の理論が働いて視聴を続け、やがて「1話が終わったら自動的に2話が始まってそのまま見るのが当たり前だよ」という状態になり、延々とアプリを使い続けます。TikTokはまさにこれです。
人間は合理的かつ冷静に意思決定すると伝統的な経済学は考えますが、実は非合理です
し、こういった企業は、そのことを理解し、上手くビジネスに取り入れているのです。

――スタバのポイント制度の〝スター〟に隠れた「目標勾配効果」

FANG以外にも、食品から医薬品まで多くの大手メーカーは行動経済学をビジネスに取り入れていますし、トップ企業がトップでいられる理由の一つに、行動経済学に基づいた戦略がある例もよく見聞きします。

例えばスターバックスのモバイルアプリは、行動経済学を徹底的に活用して作られているようです。

特に注目したいのが「スター」というポイント制度。最終的には「ゴールドスター」のステータスとなり、新製品を一足先に購入できたり、誕生日プレゼントがもらえたりする特典がつきます。何より「スターバックスの上級ステータス」というランクづけは、顧客に優越感をもたらします。第3章で詳述しますが、これは行動経済学で言う「ポジティブ・

アフェクト（ポジティブな淡い感情）」という理論を利用した戦略と言えます。

ステータス制度は航空会社、ホテルなど多くの企業が導入していますが、スターバックスのこの「スター」制度では、モバイルアプリで「残り4日！」と期間限定ボーナスがもらえる期間がメッセージで送られてきたり、「ゴールドスターまであと○○スター」とゴールまであとどれくらいかを示されたりします。

これらも行動経済学の観点から言えば、ゴールが近づくほど意欲が増す「目標勾配効果」の応用です。期間限定ボーナスや徐々にステータスが上がっていく仕組みは、コンピュータゲームの理論をビジネスに応用した「ゲーミフィケーション」でもあります。

さらに、ステータスバーの目盛りにもちょっとしたトリックがあり、25スターと50スターの目盛りの間隔が、200スターと400スターの目盛りの間隔と同じになっています。25の差も200の差も同じ目盛りというのはグラフとしては明らかに間違いなのですが、行動経済学的に言えば優れた戦略。顧客はよく吟味せずにパッと見た雰囲気で判断するため、「もう50スター集めた。頑張って最後まで集めよう」と誘導されてしまうのです。実際には、50スターまでよりも、その先の400スターまでのほうが、集めなければならないスターは当然、多くなります。

こうしてスターバックスのこの「スター」制度は、多くの利用者を集めています。

多くの企業は人の非合理な意思決定と行動のメカニズムを知り、競争相手より優位に立とうとしているので、行動経済学を使っていることを企業秘密として公言しません。いわばお客さまには知られたくない〝公然の秘密〟というわけなのです。

しかし、行動経済学を学ぶと「このサービスは行動経済学が裏にあるな」とすぐにわかるようになる――それどころか、ひとたび行動経済学を学ぶと、世界が違って見えてきます。

あらゆる企業の戦略が張り巡らされた今、教養としての行動経済学を身につければ、二度とそれまでのような素朴なものの見方はできなくなるでしょう。

- 消費者側としては、企業の戦略に乗せられないように賢くなれる。
- 企業側としては、顧客にサービスや商品をより多く楽しんでいただくための戦略家になれる。

これこそ、ビジネスパーソンが行動経済学を学ぶ理由なのです。

「従来の行動経済学」は体系化されていない

――理論が分類なく羅列されるから「本質がつかめない」

私は博士課程後のポスドクを終えたのち、そのままアメリカでコンサルティング会社を起業しましたが、すぐに「行動経済学の知見を生かして我が社にアドバイスしてほしい」というオファーが次々と入りました。スタートアップの経営者としてはうれしいことですが、実際に仕事をするうちに違和感を覚えました。

「みんな行動経済学の理論や効果がどんなものかは漠然と知っている。でも、バラバラな知識のインプットだけで終わっているのではないか？」

そんな疑問が湧いてきたのです。

次ページの図表5はプロローグでお見せした「従来の『行動経済学』の学び方」の図表を拡大し、より見やすくしたものです。この図を見ていただくと、皆さんにも「あっ、聞いたことある」という理論もあると思います。しかし、それがどんなものか理解し、単なる「知識」ではなく「教養」として身につけ、人に語れるような人は少ないのではないでしょうか？

理由は単純で、カテゴリー分けがされておらず、理論をただただ羅列しただけになっているからです。これまで行動経済学を一度でも学んだことがある方でしたら、おそらくこれらのバラバラな理論を一つ覚えては次を覚え、また次を覚えと、互いに脈絡のない理論をひたすら暗記しようとしたことでしょう。まるで、学生時代に英単語を丸暗記していたときのようです。これではなかなか頭に残りませんし、何より丸暗記は苦痛です。

この図のように整理されないまま、うわべの知識だけが急激に広がると、多くの人が「わかったつもり」になってしまう危険があります。

図表5 従来の「行動経済学」の学び方

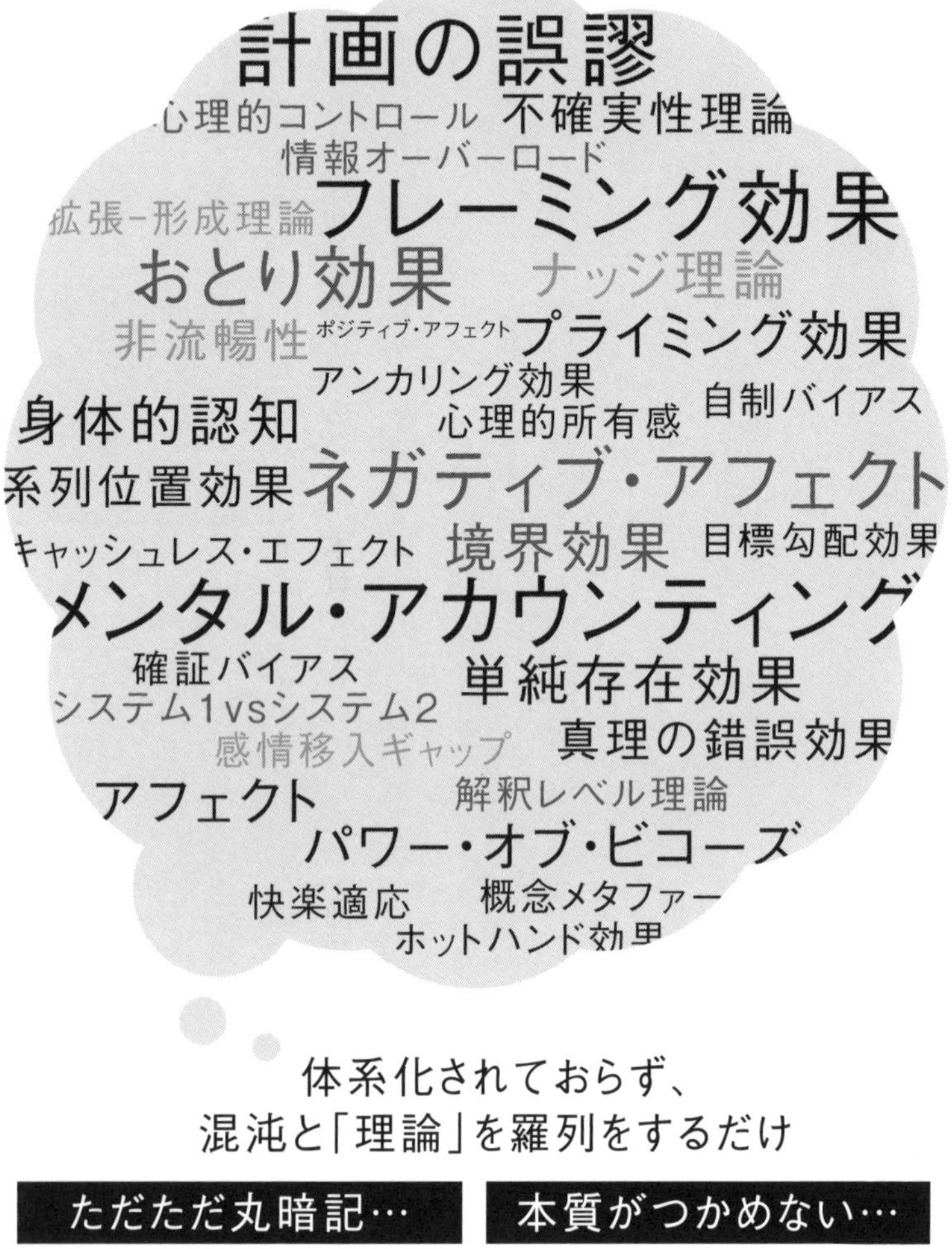
計画の誤謬
心理的コントロール
不確実性理論
情報オーバーロード
拡張−形成理論
フレーミング効果
おとり効果
ナッジ理論
非流暢性
ポジティブ・アフェクト
プライミング効果
アンカリング効果
自制バイアス
身体的認知
心理的所有感
系列位置効果
ネガティブ・アフェクト
キャッシュレス・エフェクト
境界効果
目標勾配効果
メンタル・アカウンティング
確証バイアス
単純存在効果
システム1vsシステム2
感情移入ギャップ
真理の錯誤効果
アフェクト
解釈レベル理論
パワー・オブ・ビコーズ
快楽適応
概念メタファー
ホットハンド効果
体系化されておらず、
混沌と「理論」を羅列をするだけ
ただただ丸暗記…
本質がつかめない…

例えば「人間には現状志向バイアスがあるから、今あるものを評価して新しいことができない」という知識だけあっても、表面的な理解だけで終わってしまいます。

まず「そもそも行動経済学とは何なのか？」という「本質」を理解し、その本質と各理論とを有機的に結びつけてこそ、「知識」が「教養」になる。そのとき初めて、「では、どうすればよいか？」という自分なりの考え方やそれに基づく行動ができるのです。

行動経済学の知見は奥深いもので、本質を知り、体系立てて理解し、ようやく「なぜ人はそう行動するのか？」が読み解けます。さらにそのような「人間の行動」が経済にどのように影響するかも見えてくるのです。

――「新しい学問」であるがゆえに体系化されていない

では、なぜ行動経済学は、他の学問のように体系化がされていなかったのか。それは、学問が体系化されるまでには、非常に長い年月がかかるからです。

起業後、クライアントから「もっとわかりやすく為になる（または教養として使える）ように行動経済学を教えてほしい」という依頼を頻繁に受けました。

「行動経済学の理論って、聞いたときにはわかったつもりになっても、あまりに数がたくさんあるのですぐに忘れてしまうんですよ。ドクター・サガラは専門家でしょう。手っ取り早く、このたくさんの理論を体系化してくれませんか」

起業した頃に漠然と抱えていた懸案が、目の前に突きつけられた気がしました。

行動経済学は専門家の間でも「体系化するのが難しい。あと数十年は無理だろう」と言われています。理由は2つあり、一つは「非常に若い学問」であること。体系化される前に次々と新しい理論が発表されていった経緯があります。

もう一つは、「経済学と心理学の融合」であること。経済学と心理学、2つの学問を併せて体系化するのは難題です。

さらに経済学と心理学は、全く異なるアプローチをとっています。伝統的な経済学の専門家は、合理的な人間を前提として「人はこう行動するべきだ」という理論を展開する一方、心理学の専門家は、我々人間のありのままの行動を分析します。2つは水と油のようなものです。なかなか両者が納得いく落とし所が見つからずに、ただただ時間だけが経ちます。

行動経済学を「初めて整理・体系化」した入門書

――人間の「非合理な意思決定のメカニズム」を解明する学問

　大学というアカデミックな世界に身を置いているなら「体系化は難しい」というのは共通認識ですが、私が身を投じたのは実業界であり、他の誰でもないクライアントが「体系化」を求めているのです。「無理です」など、冗談でも言えません。そこで研究仲間だったイェール大学とデューク大学の2人の行動経済学の教授に相談しようと、「30分だけ時間がほしい！」と頼み込みました。

「ナミカ、冗談だよね？　来週までに行動経済学を体系化したいだなんて」

熱い議論を交わした結果、アカデミックの世界の2人の答えは「絶対に無理！　体系化にはあと100年はかかる」というものでした。

アカデミックの研究者にとって、「時間をかけずにまとめる」などやはりあり得ない話で、100のピースがあったら一つ一つ検証していくのが常識……。つまり、研究者とビジネスパーソンでは理屈がまるで違うのです。これも、行動経済学が体系化されていない要因でしょう。私はあれこれ悩んだ末に、アカデミック界のためではなく、ビジネスパーソンのために自ら体系化をすることにしました。

体系化をするためには、まずその学問の「本質」を明確にする必要があります。「結局、行動経済学って一言で言うと何なのよ？」という質問に対する回答がまさに「本質」です。

それがすでにお伝えした、

「人間の『非合理な意思決定のメカニズム』を解明する学問」

です。

図表6　「行動」は「意思決定」の結果生まれる

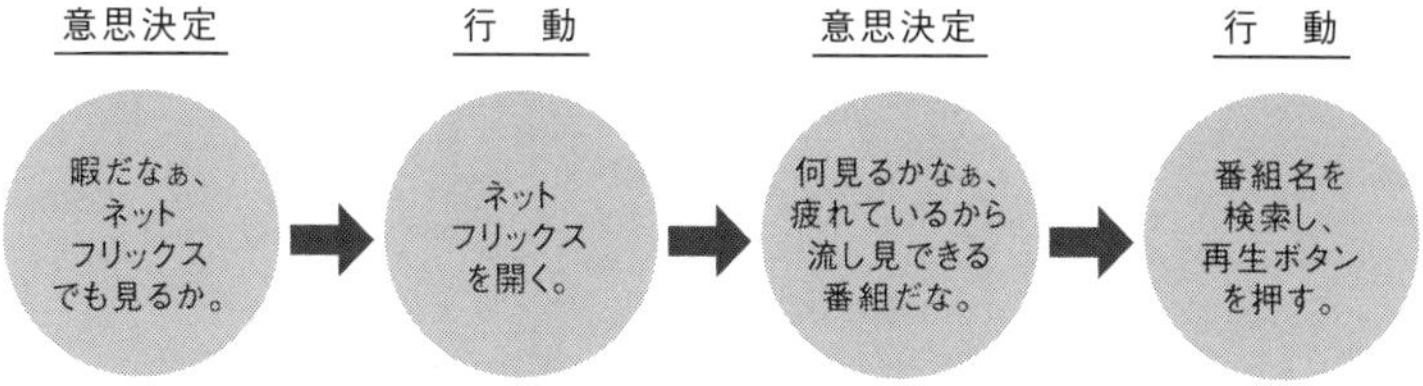
意思決定
暇だなぁ、ネットフリックスでも見るか。
行　動
ネットフリックスを開く。
意思決定
何見るかなぁ、疲れているから流し見できる番組だな。
行　動
番組名を検索し、再生ボタンを押す。

行動経済学の定義がこのようになる理由を改めて、整理しましょう。

私はプロローグで、「行動経済学は『人間の行動』を理解する学問」とお伝えしました。特に「経済（ビジネス）」において、「なぜ人はそう行動するのか」、その原理を明らかにしていきます。

そして「行動」というものは「意思決定」の結果というのもすでにお伝えした通りです。例えば、あなたが映画を観ようとネットフリックスを開いたとします。このとき、「ネットフリックスを開く」という「行動」は、意識的であれ無意識的であれ、あなたが「ネットフリックスを観よう」という「意思決定」をした結果です。そして、ネットフリックスを開いた後に映画Aを観ようと「映画Aをクリック」したなら、それはやはりあなたが「映画Aをクリックしよう」と「意思決定」をした結果なのです。

そうです。「人間の行動」というものは「意思決定の連鎖」なのです。「なぜ人はそのように意思決定をするのか？」。そのメカニズムを解明することで、その結果である「なぜ人はそう行動するのか？」が理解できます。私がプロローグで、「行動経済学は行動の『なぜ？』がわかる」と言っていたのはまさにこのためです。「行動」の一歩手前である「意思決定」の原理を明らかにすることで、行動の「なぜ？」を理解することができるのです。

さらに、「人間というものは『非合理』な生き物である」ということを、すでに「伝統的な経済学の限界」に関する話でお伝えしました。人間がもし合理的なのであれば、忙しいときに目的のない動画をダラダラ見たりしません。人間は「非合理な行動」ばかりしてしまう生き物、すなわち「非合理な意思決定」ばかりしてしまう生き物です。

そんな人間の「非合理な意思決定のメカニズム」を説明する理論の集まりが、行動経済学です。ポイントは、それらが「実験で証明された科学的な理論」である点です。だからこそ、どんな人間にも当てはまる「客観的なセオリー」と言えるのです。

――結局、私たちの生活は「非合理な意思決定」の連続

非合理な行動は、ビジネスシーンでも多く見られます。

例えば、ある会社では、取締役会の議事録を役員に郵送し、捺印してもらう作業に2週間もかけていました。

そこで、環境にもやさしく、迅速に手続きできるよう、オンラインで確認してサインもできる「電子署名ソフト」を導入しようとしました。伝統的な経済学から見てみると、とても合理的な決断でしょう。ところが、普段からパソコンで仕事しているはずの役員の方たちが、電子署名ソフトへの変更に難色を示したのです。

「紙でないとしっかり読めない」

「今までのように文書は紙ベースでしっかり残しておくべきだ」

紙ベースでやりとりする根拠として、こんな意見があったのです。

しかし、会社側で判断を下し、実際にオンラインで確認してサインもできる「電子署名

ソフト」を導入したところ、特に不都合はありませんでした。一瞬で確認できるようになったというメリットだけで、「なぜもっと早く導入しなかったのか」という声すら出たほどです。

役員たちが電子署名ソフトへの変更に難色を示した理由の一つは、行動経済学の「現状維持バイアス」でしょう。また、「損失回避」により、メリットよりデメリットのほうに目が行ってしまっていたのでしょう。「今まで○○だったから、これからも○○じゃなきゃダメだ」という手間もお金もかかる非合理な意思決定をしていたのです。

つまり、「環境にやさしいし、迅速に手続きできる電子署名に変えるのが合理的」というのが伝統的な経済学。しかし、「実際には現状維持バイアスと損失回避が働くから、つい今まで通り紙ベースでのやり方のままになってしまう」というのが行動経済学です。

このように考えてみると、「非合理な行動」の一歩手前にある「非合理な意思決定」のメカニズムを理解することこそが、現実の行動を変える鍵を握っているとわかります。

私はコンサルタントとして、行動経済学を活用し、このような行動のメカニズムを解明してきました。対象となる人間とはクライアントにとっての顧客や取引先であったり、従業員であったりします。クライアントはこういった関係者たちを適切に動かす方法を求めていますが、これは人間の行動のメカニズムがわかるからこそ、提供できるのです。コンピュータがどのようなメカニズムで動いているかを理解しなければ、コンピュータを理解し、機能を変更し向上させることはできませんが、人間の行動もそれと同じで、意思決定のメカニズムがどうなっているかという「Ｈｏｗ？」を理解して初めて人の行動を変えていくことができるのです。

「非合理な意思決定」を決める3つの要因

そして、人がついつい「非合理な意思決定」をしてしまうメカニズムには大きく3つの要因があります。それが「認知のクセ」「状況」「感情」です。この3つがあるからこそ、私たちは合理的ではない判断をしてしまうのです。

次ページの図表7は、プロローグでお見せした「本書の『行動経済学』の学び方」の図表を拡大し、見やすくしたものです。先ほどお伝えした「非合理な意思決定のメカニズム」という「本質」を中心に据えつつ、「非合理な意思決定」に影響を与える3つにカテゴリー分け。これまでバラバラだったそれぞれの理論を3つに分類しています。この体系化によって、混沌としていた各理論が、行動経済学の「本質」および3つのカテゴリーによって、

図表7 本書の「行動経済学」の学び方

- 計画の誤謬
- 自制バイアス
- 身体的認知
- メンタル・アカウンティング
- 真理の錯誤効果
- システム1vsシステム2
- 確証バイアス
- 解釈レベル理論
- 快楽適応
- ホットハンド効果
- 概念メタファー
- 非流暢性

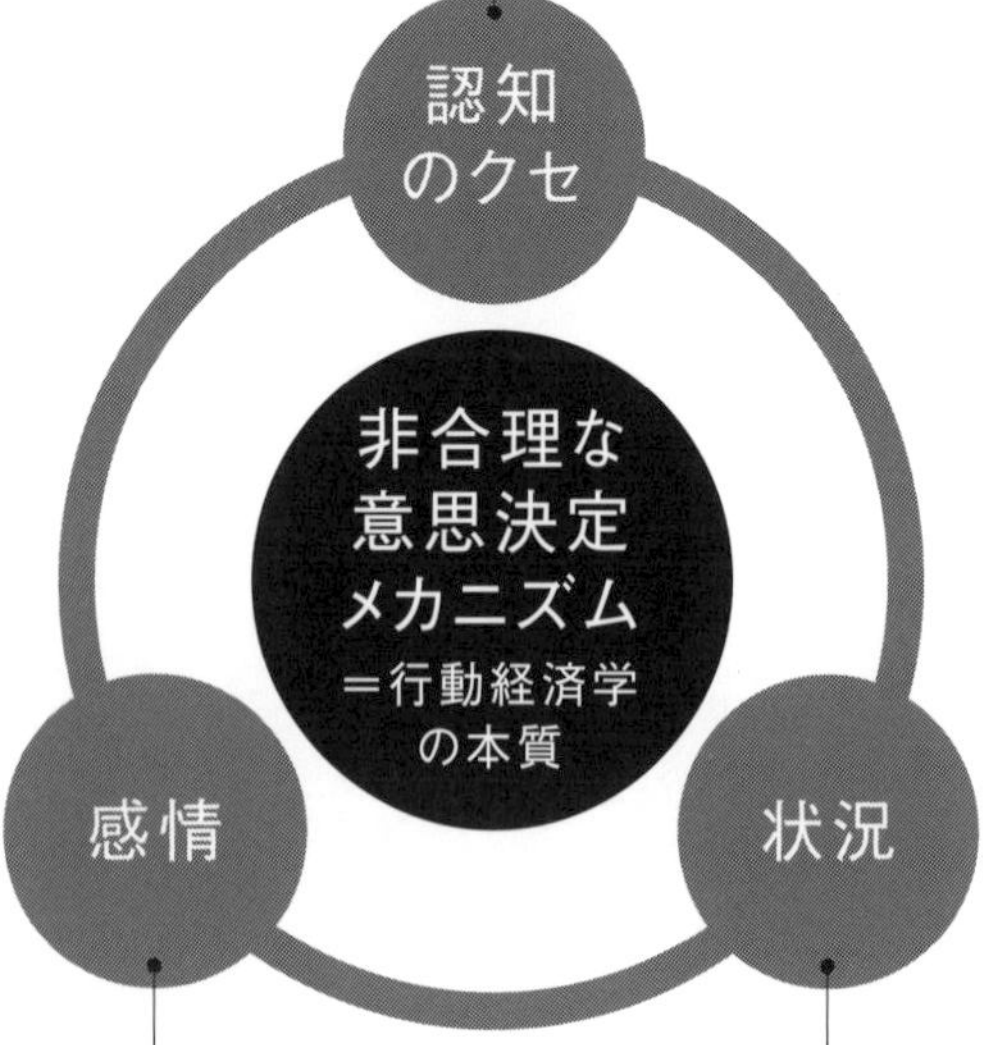

- アフェクト
- ポジティブ・アフェクト
- ネガティブ・アフェクト
- 心理的コントロール
- 拡張-形成理論
- 不確実性理論
- 心理的所有感
- 境界効果
- 目標勾配効果
- キャッシュレス・エフェクト

- フレーミング効果
- おとり効果
- ナッジ理論
- アンカリング効果
- プライミング効果
- 系列位置効果
- 感情移入ギャップ
- 単純存在効果
- パワー・オブ・ビコーズ
- 情報オーバーロード

行動経済学を「初めて整理・体系化」

有機的につながります。

では、この図表を基に3つの要因それぞれを解説していきましょう。

要因① 認知のクセ

1つ目が「認知のクセ」です。「認知のクセ」は「人の脳が、インプットした情報をどう処理するか」、つまり「脳の情報の処理の仕方」だと考えてください。

もし人間の脳が、入ってくる情報を素直に受け止めてくれるのであれば、私たちは合理的な行動をするはずです。

しかし、やっかいなことに人間の脳には「情報の処理の仕方」そのものに「歪み」が存在します。この「認知のクセ」があることで、私たちは情報を歪めて処理してしまい、それが「非合理な意思決定」につながっているのです。

「認知のクセ」に分類される代表的な理論に「システム1 vs システム2」という理論があります。

詳細は第1章で詳しくお伝えしますが、簡単に言うとシステム1は「直感」、システム2は「論理」です。人間の脳が情報を処理する際には、「直感」に基づいて判断するシステム1と「論理」に基づいて判断するシステム2の両方があり、場面場面で使い分けています。このことを「システム1 vs システム2」と言います。

システム1を使っているときは、じっくり考えることはせず素早く情報を把握・判断します。そのため、手に入る全ての情報を熟考するのではなく、直感や感情などの数少ない情報を基に〝認知の近道〟と言われる「ヒューリスティック」を使います。

一方、システム2を使っているときは、遠回りになっても、脳は集中してじっくり情報を捉え、過去の経験などに照らし合わせて思考し、情報を分析した上で把握・判断します。こちらは「ゆっくりと」考える点がポイントです。

ちなみに、先ほど紹介したカーネマンはこの「思考のスピード」に着目し、この2つを「ファスト&スロー」と表現し、同名の書籍は日本でも大ヒットしました。

ではなぜ「システム1 vs システム2」があることが、判断の「歪み」に繋がってしまうのでしょう。有名な研究を挙げると、「チョコレートケーキとフルーツサラダの実験」があります。

被験者を2グループに分け、グループAには2桁の数字を、グループBには7桁の数字を記憶してもらいます。「記憶力の研究です」と聞いている被験者は数字の暗記に取り組み、特に7桁のグループBは苦労して数字を覚えます。

「お疲れさまです。まだ実験中ですが、お礼に軽食を用意しています」

置いてあるのはチョコレートケーキとフルーツサラダ。結論を先に言うと、2桁の数字を覚えたグループAはフルーツサラダを選ぶ人が多く、7桁のグループBはチョコレートケーキを選ぶ人が多くいました。いったい、なぜでしょう?

2桁の数字を覚えたグループAの人たちは、問題が簡単だったために、考える余裕がありました。じっくり考える「システム2」を働かせることができたのです。ですから、「より健康でヘルシーなフルーツサラダ」という「合理的な選択」を取ることができました（最近ではフルーツは糖質が高いという議論もあるので、一概にヘルシーとは言い難いですが、アメリカではチョコレートケーキよりはフルーツサラダはかなりヘルシーと認識されています）。

ところが、7桁の暗記という重い負荷がかかって思考に余裕がないグループBの人たちは、「システム1」で瞬間的に判断をせざるを得ませんでした。その結果、よりカロリーの高い「チョコレートケーキ」という「非合理な選択」をしてしまったのです。

しかし、一概に「システム2」が良く、「システム1」は悪、というものではありません。もし瞬間的に判断する「システム1」が存在しなければ、考えなければならないことがあまりに多すぎて私たちの脳はパンクしてしまいます。だからこそ、人間の脳にはあまり負担をかけずに判断する「システム1」が備わっています。

しかしながら、適切でない場面でこの「システム1」が働いてしまい、誤った判断をしてしまうということは、よくあること。つまり、場面場面に応じて、「システム1」を使ったほうがいい場合もありますし、「システム2」を使うほうがいい場合もあります。ポイントは、人間の脳にはこの2つのシステムが存在していることを知り、対策を取るということです。

第1章では、このような「認知のクセ」に分類される行動経済学の理論について取り上げます。クライアントや同僚や上司、そして自分自身の「認知のクセ」を理解すれば、より合理的な意思決定・行動ができるようになるでしょう。

要因② 状況

先ほどの「認知のクセ」は人間の「脳の中」で起こっていることでした。そもそも「脳の中」に、「非合理な意思決定」を生んでしまう仕組みがあるのです。「脳の中」で起こっているということは、我々の意思決定は「認知のクセ」から逃れることはできませんから、「認知のクセ」は3つの要因のうち最も基盤となる要因と考えていいでしょう。

しかし、人間が非合理な判断をしてしまう要因は「脳の外」にもあります。人間の判断は周りの「状況」の影響を強く受けるのです。

伝統的な経済学は「人間はどんな状況にも左右されず、常に合理的な意思決定をする」という前提で成立しており、私たち自身も自分について、常に「自分で意思決定し、行動している」「自分で人生をコントロールしている」と考えています。ところが行動経済学の研究はそれを覆すものでした。

「人間は環境に左右されて意思決定し、状況に影響されて行動している」

これは何百、何千もの研究で証明されており、私たちが持ち合わせていると思っている「主体性」は実はあやふやなものだったのです。「自分らしくない行動をしてしまった」とか、「なんで選択肢Aじゃなく、Bを選んでしまったのか」と後から思うことはありませんか?

それは、私たちは「自分で主体的に判断している」のではなく、周りの状況に「判断させられている」ことの表れなのです。だからこそ、このことを知らずにいると、「非合理な意思決定」をしてしまうのです。つまり、ほんのちょっとした「状況」の変化で私たちの意思決定は変わります。

「状況」に分類される行動経済学の理論で有名なのは「選択アーキテクチャー(Choice Architecture)＝選択の環境設計)」で、環境を操作することで、人を自分が望む方向に動かすというものです。

例えば、あるレストランが、いくつかあるランチのうちBランチを積極的に売りたいと考えているとき、Aランチはあえて高い料理、Cランチはとても安いけれど一風変わった料理にしておくことで、みんな自然とBランチを選ぶように誘導することができます。すなわち、「どういう選択肢を提示するか」という「状況」を意図的に変えることで、お客さんに「Bランチを選ばせる」ことができるというやり方です。

第2章では、「状況」に分類される行動経済学の理論を取り上げます。自分が知らないうちにどんな状況に影響を受けているのかわかるでしょうし、逆にそれを利用して人をさりげなく動かすこともできるようになるでしょう。

要因③ 感情

我々の意思決定は「認知のクセ」から逃れられない。さらに、私たちが何かを判断するとき、周りの「状況」からも強く影響を受けている。

この2つに加えて、人間の「非合理な意思決定」に影響を与えるのが、最後の要因である「感情」です。

従来の経済学では、人は合理的な存在と考えるため、人の行動は感情になど左右されないとされていました。

しかし、皆さんも経験があるでしょう。心に「不安」の波が押し寄せてきたことで、ついベストが尽くせなかった。また、「怒り」のせいで、あり得ないミスをしてしまい、人間関係がギクシャクしてしまった。もし人間が合理的なのであれば、感情などに惑わされず、常にベストの成果を出し、ビジネス上の人間関係は良好に保つようにするはずです。しかし、私たちはつい感情によって、「最善の結果が出せない」や「関係を壊す」という非合理な結果を生み出してしまいます。

もともと人間の感情というものは、進化の過程で出来上がったものです。「将来、食糧がなくなるかもしれない」という「不安」の感情があることで、それに備えることができましたし、「怒り」という感情があることで、外敵と戦う準備につなげることができました。しかし、今はそういう時代ではありません。もともとはすべてが有用だった「感情」ですが、今でも引き続き「有用な感情」と、今となっては「やっかいな感情」に分かれることとなりました。

この「有用な感情」をいかに上手く使って自分や他人を動かすか。逆に「やっかいな感情」をいかにうまくコントロールして、ビジネスを有利に動かすか。

これを知ることで、より良い意思決定ができるようになり、ビジネスにも生かせるのです。

そして、行動経済学では自分で意識できる感情だけでなく、喜怒哀楽とまではいかない「淡い感情」が実は人の判断に大きな影響を与えると考え、この点が非常に奥深い点です。

第3章では、行動経済学の中の「感情」にまつわる理論をまとめます。常に隣り合わせの感情に振り回されずに適切な意思決定をする方法をお伝えします。また、人々の感情によって経済がどのように動くかも押さえておいてください。

――「主要理論」を初めて整理・体系化

以上の3つに分類された行動経済学の理論を知ることで、人間の意思決定に影響する要素をすべてカバーでき、「知識としては知っているけれど、理解が浅い」という問題を解決できます。それは深い理解につながり、生きた「教養」になるでしょう。

ちなみに、あえて順序をつけるなら、「認知のクセ、状況、感情」の順に影響力が大きいと言えます。「認知のクセ」は先ほどもお伝えしたように「脳の中」のことですから常に影響を受けますし、私たちの周りには常に何かしらの「状況」が存在します。一方、「感情」は高ぶった場合は影響が強くなりますが、フラットな場合は影響は小さいので、常に影響を与えるかという点では、他の2つに比べると頻度は下がるでしょう。

しかし、一方で「変化の幅」という観点もあります。特に、私たちは感情的になってしまうと、冷静なときにはあり得ない意思決定をしてしまうこともあり、「感情」は「変化の幅」が大きい要素です。一方で、「認知のクセ」は常に影響を与えるものの、意思決定がどう変わるかという「変化の幅」は基本的に狭い要素になります。

ここまでお話ししてもうおわかりの方もいると思いますが、実際には3つのカテゴリーは互いに関係し、複雑に絡み合っているケースがほとんどです。

例えば、深い悲しみや激しい怒りに駆られていたら「感情」が一番大きく影響しますが、新型コロナウイルスのパンデミックのような極限状況にあれば、「状況」の影響が最大化します。忙しくて疲れて睡眠も食事も十分でないときは、「認知のクセ」が影響した意思決定となるでしょう。しかも、実際にはこれらが渾然一体となって混じり合い、グラデーションになっているケースがほとんどで、それが人間というものです。

それでは第1章からは、研究者としての行動経済学の知見と、アメリカの一流企業およそ100社に行動経済学でコンサルティングをしてきた経験を踏まえ、それぞれの理論を具体的に説明していきます。

「単なる知識」で終わらせず、学問の世界とビジネスの世界のいわば〝いいとこ取り〟をし、皆さんに「使える教養」を身につけてもらう。それが行動経済学の研究者からビジネスの世界に転身した私の役割だと考えています。

序章まとめ

- 行動経済学は非常に新しい学問で、3人のノーベル賞受賞者を出している。
- 行動経済学は「経済学」と「心理学」が融合した学問。「人間は合理的である」という伝統的な経済学の限界から誕生したのが行動経済学である。
- 行動経済学を一言で言うと、「人間の『非合理な意思決定のメカニズム』を解明する学問」である。これにより、「なぜ人はそう行動してしまうのか？」を理解することができ、だからこそ、対策を講じることもできる。
- 「従来の行動経済学」はバラバラな理論を一つ覚えては次を覚え、また次を覚えと、互いに脈絡のない理論をひたすら丸暗記するものだった。そのため、「頭に残らない……」「本質がわからない……」という声が多かった。
- 本書では、人間の「非合理な意思決定」に影響を与える要素を、「認知のクセ」「状況」「感情」の3つに分け、行動経済学の各理論をこの3つに分類している。
- 3つのカテゴリーに分類され、体系化されることで、これまでバラバラだった「主要理論」が有機的につながる。

第 1 章

認知のクセ

脳の「認知のクセ」が
人の意思決定に影響する

第1章では、人が「非合理な意思決定」をしてしまう3つの要因のうち「認知のクセ」に分類される理論を紹介していきます。

これまでもお伝えしてきたように、人間の脳にはやっかいな性質があります。情報を素直に処理してはくれないのです。

では、脳はインプットされた情報をどう処理するのか。そのときにどんな「クセ」があるせいで、人は「非合理な判断」をしてしまうのか。「認知のクセ」というのは、そんな「脳の情報の処理の仕方」のことです。

実際に第1章に入る前に、まずは第1章の全体像をつかみましょう。第1章は以下の4つの節に分かれています。

・1．認知のクセを生む「大元」は何か？

「脳の情報の処理の仕方」は1つではなく、複数あります。しかし、その中でも特に中心となる思考モードがあります。それが先にも触れた「システム1 vs システム2」です。

まずこの第1節では、「認知のクセ」の最も基本となる「システム1 vs システム2」を学びましょう。行動経済学全体に関わってくる概念ですから、しっかりと理解していただきたいと思います。

・2．システム1が「さらなる認知のクセ」を生み出す

認知のクセの最も基本となるのは「システム1 vs システム2」、中でも「システム1」によって人は頻繁に非合理な意思決定をしてしまいます。

そして、やっかいなことに、それは1つの認知のクセだけではなく、いくつもの違う認知のクセにつながっています。ここでは、「埋没コスト」「機会コスト」「ホットハンド効果」など、「システム1」が深く関わっている認知のクセを紹介します。

・3．「五感」も認知のクセになる

第1節の「システム1vsシステム2」、第2節の「システム1により生まれるさらなる認知のクセ」。これらは主に「脳の中」だけで起こっている「認知の仕方」です。

しかし、実は脳と身体はつながっていて、視覚・触覚・聴覚・嗅覚・味覚の五感、温かさや冷たさなどの「身体的認知」というものもあります。私たちは「脳の中」だけですべてを決めていると思っていますが、実は身体からも多くの情報を得ています。

身体からの情報を脳が認知するとき、そこにも「クセ」がある——この点を、行動経済学の代表的な理論を紹介しながら説明します。「商品パッケージのロゴの位置」など、身近なビジネスにも、身体的な認知のクセを踏まえた企業の戦略が隠れています。

・4.「時間」も認知のクセになる

人間は複雑なので、「時間の経過」も脳の情報処理の仕方に影響を与えています。

例えば、「今の自分」も「未来の自分」も同じ自分のはずなのに、私たちは「未来の自分」は「今の自分」とは別の存在だと捉えてしまいます。だからこそ、同じ商品やサービスを買うときに、「今買うのか」あるいは「数カ月後に買うのか」で、買う商品や、買うか買わないかそのものも変わってきます。そんな「時間」にまつわる認知のクセもあります。

時間が人間の「認知」にどう影響するかを知っておくと、反対にどのように消費者の心を捉えるか、また自分の仕事の時間をどう使えば生産性を上げられるかも見えてきます。

この4つの節が第1章です。

ここで、実際に第1章に入る前に、「認知のクセ」について一つクイズにトライしてみましょう。以下のクイズを考えてから、次のページに行ってください。

Quiz

野球のバットとボールが、合わせて1ドル10セントで売っています。野球のバットはボールよりも1ドル高いです。

別々に買ったら、それぞれいくらでしょう?

認知のクセを生む「大元」は何か？

冒頭のクイズは一瞬で答えられたとは思いますが、実際正解率はどのくらいでしょう？実はとても低いのです。

「バット1ドル、ボール10セント」

すぐにそう答えたあなたは、アメリカの一流大学の学生と同じ間違いをしています。

正解は「バット1ドル5セント、ボール5セント」。

簡単な計算で少し考えればわかることを、直感的なシステム1を使って答える。その結果、「1ドル10セント－1ドル＝10セント」と間違ってしまう——これが認知のクセによる非合理な意思決定です。

このクイズは正式にはＣＲＴ（認知反射テスト）といい、私がよく学会でご一緒させていただいた、イェール大学で行動経済学を教えているシェーン・フレデリックが考案したものです。正しい答えを出すためには、「バット１ドル、ボール10セント」と反射的に間違った答えが出た後、本当に合っているのだろうかと自己チェックをし、「直感の答えvs考えて計算した答え」という比較をし、後者を選ばなければなりません。

フレデリックが似たクイズを３問出したところ、成績トップはＭＩＴ（マサチューセッツ工科大学）で平均点は２・１８点（３点満点）、全問正解率は48％でした。２位以下は接戦で、プリンストン大学は平均１・６３点で全問正解率26％、ハーバード大学は平均１・４３点で全問正解率は20％となっています。

――脳の２つの思考モード「システム１vsシステム２」

人間の脳は、情報処理をする際に２つの思考モードを使い分けていて、それを「システム１vsシステム２」と呼びます。カーネマンは、システム１は直感的で瞬間的な判断であることから「ファスト」、システム2は注意深く考えたり分析したりと時間をかける判断であることから「スロー」と呼びました。「認知のクセ」を生む理論のうち、最も基本となるのがこの「システム1 vs システム2」です。

話が少しそれますが、私が大学院生の頃、同級生の間でどっちがシステム1でどっちがシステム2だか、ついつい忘れてしまう人たちがいっぱいいいました。私もその一人でしたが、先輩が一度、「一番速いからシステム1は直感。遅くて2番目だからシステム2は熟考」と教えてくれて以来、忘れないようになったので、ここでも記載しておきます。

さて、システム1は直感的とはいえ、過去の経験も生かされています。例えば「午後のミーティングで眠気がさしたらコーヒーを買う」というのは、ビジネスパーソンとしての経験からくる意思決定です。

一方で、経験までさかのぼらないこともあります。午後に同僚がブレンドコーヒーMを注文した後に、「ご注文は?」と聞かれて反射的に「私もブレンドコーヒーM」と言うときは、いちいち眠気やミーティングについて考えず、ただ同僚と同じものを注文しているのです。

反対にシステム2は「バットとボールの価格差は1ドルだから……」と注意を払って計算するといった具合に、集中して考えた末に出す意思決定です。例えば「午後のミーティングには眠気防止のコーヒー」とシステム1が意思決定しても「ちょっと待てよ、朝から2杯飲んでいる。コーヒーを飲みすぎると胃が痛くなることがあるから、水にしておこう。午後のクライアントの会議でもコーヒー出るしな」などと考えた上で意思決定をします。

システム1は「午後の眠気にコーヒー」と素早く直感的に判断します。これに対して、システム2は午前中の摂取量や夕方にまた飲む可能性があるといった将来の摂取見込みに加え、「コーヒーの飲みすぎは良くない」などと健康への影響などまで総合的に検討し、最後に「今日は水にしておこう」と決める──このようにより精度の高い意思決定ができます。

この話をすると、「システム1とシステム2が交代しながら意思決定をするの？」と質問されますが、2つのシステムは無意識下で連動し、同時に動いています。

例えて言うなら脳の中に常に白も黒もあるというイメージで、時と場合によって配分が変わり、濃いグレーになったり薄いグレーになったりするけれど、真っ黒も真っ白もない……。それがシステム1とシステム2です。

人はいつ、システム1を使いがちか？

人間の意思決定のデフォルトはシステム1ですが、「システム1よりシステム2のほうが優れている」というわけでもありません。「1425×79」を暗算する場合は注意深くなる必要がありますが、問題が「1＋1」だったら、計算するまでもなく「2」と一瞬で答えを出したほうがむしろいいでしょう。なぜなら、すべてのことを注意深くじっくり考えていたら、何も決められなくなるからです。

「朝食はヨーグルト？　トースト？　それともご飯と味噌汁？」と毎朝悩むのでは、いくら時間があっても足りなくなるでしょう。

「今朝の胃の調子はどうかな？　昨日の夜は和食だったから今朝はトーストかな。でもそういえばここ1週間ランニングをサボっているから炭水化物は控えめにしたほうがいいかな。あと最近、天気が悪いからビタミンDの多い朝食を取らなきゃいけない……」

朝食から始まって、何を着るか、通勤は車にするかバスにするか、仕事はどうするかとやっていたら身動きが取れず、「システム1にお任せ」のほうがいいことは多数あります。すべてをシステム2で考えていたら、脳がパンクしてしまう——。システム1は決して無用のものなどではなく、人間に必要な思考モードとして備わっているものなのです。

ただし、冒頭のバットとボールのクイズのように、システム１で瞬時に判断することにより、それが思い込みや偏見となり、結果、間違った意思決定につながってしまうことは往々にしてあります。ですから、人間がいつシステム１を使いがちかを知っておくことは、誤った判断をしないための助けになります。

人はどんなときにシステム１を使いがちかを明らかにした研究があります。それをまとめると以下の６つのときです。

＊疲れているとき
＊情報量・選択肢が多いとき
＊時間がないとき
＊モチベーションが低いとき
＊情報が簡単で見慣れすぎているとき
＊気力・意志の力（ウィルパワー）がないとき

忙しいときや情報が多すぎるとき、人はシステム1で意思決定しがちという研究ですが、ビジネスパーソンは皆、忙しく、常に大量の情報に接しています。つまり、システム2のエンジンとも言える「注意力」は常に危機にさらされているのです。

また、仕事に慣れてきた頃にミスをするのは、「こんな程度かな」で済ませてしっかり検討せず、システム1しか使っていないことが原因です。

「高度情報化社会では、人々のアテンション（関心）が通貨になり、関心を集めることが価値を生む」

この言葉は、1970年代に心理学者で経済学者のハーバート・A・サイモンが関心経済（アテンション・エコノミー）について述べたもの。情報経済という言葉は、SNSのフォロワー数で人の価値が測られる今日の情報化社会を指すように思えますが、半世紀以上前から指摘され、今ますます顕在化しています。

1978年にノーベル経済学賞を受賞したサイモンは、「豊富な情報は注意の貧困を生む」とも言い、多くの研究者が同様の指摘をしています。

現代を生きる私たちは、システム1を使ってしまいがちな環境にあることを認識し、意識していく必要があるでしょう。

──システム1を排除する「非流暢性」

また、意識をすること以外にシステム1を排除する方法として、「非流暢性」を用いる方法があります。

「流暢性」とは「ひっかかりがない」ことです。「非流暢性」はその反対ですから、あえて「ひっかかり」を作ることによって、システム2を働かせるというものです。

以下は私の博士課程の卒業論文でも発表しましたが、あえて読みにくいフォントやポイントを使う非流暢性です。

「行動経済学はビジネスシーンにおいて非常に重要です。この本を通して、認知のクセ・状況・感情の3つに体系化することにより、行動経済学の本質を解き、総合的に学べます。自分を理解するだけではなく、同僚や上司、また顧客の理解にもつながります。」

このように普通のフォント・ポイントで何かを書いていると、今までのリピートのような感じなので読み流してしまうでしょう。このときはシステム1が働いている状態です。
しかし、あえてとても読みにくいフォントや小さなポイントだとどうでしょう？

「行動経済学はビジネスシーンにおいて非常に重要です。この本を通して、認知のクセ・状況・感情の3つに体系化することにより、行動経済学の本質を解き、総合的に学べます。自分を理解するだけではなく、同僚や上司、また顧客の理解にもつながります。」

突然、フォントが変わっているので流暢性が妨げられて読み飛ばせず、「なんて書いてあるんだろう？」と注意が引かれ、システム2が発動します。その結果、しっかりとその情報を読ませることができるというわけです。

ただ、いくら非流暢性を加えても、前述のP97の6点が考慮されていなければ、かえって悪影響になる場合もあるので気をつけましょう。

システム1が「さらなる認知のクセ」を生み出す

——〝劇場の10ドル〟と「メンタル・アカウンティング」

専門家として一つ注意しておきたいのは、すべての意思決定がシステム1かシステム2のいずれかに振り分けられるわけではないという点です。前述した通り、2つのシステムは同時に動いており、複雑に連動しています。

しかし、そんなことを言われても対策のしようがなく、読者の皆さんは困ってしまうでしょう。「システム1 vs システム2」を実際に生かしていくには、「人間の非合理な意思決定にはシステム1が大きく関係している」とだけ理解しておけばいいでしょう。

実際、「認知のクセはじっくり考えないことで生じる」というのは多くの研究で証明されていますので、関連する行動経済学の理論をいくつか見ていきましょう。

お金は数字で示され、価値も一定で、合理的なものの代表のように思えますが、実はこれも非合理な認知のクセの影響を受けています。セイラーの定義した「メンタル・アカウンティング（Mental Accounting）」はその代表例で、人間には「心の会計」があり、同じお金でもどのように取得し、どのように使うかによって、自分の中での価値が異なってくるという理論です。少しわかりづらいので、例を出しながらご説明しましょう。

カーネマンとトベルスキーが発表した有名なメンタル・アカウンティングの研究は「劇場の10ドル」という研究。この実験では、被験者に以下のような質問をしました。

「あなたは、劇場でチケットを買おうとして財布を開くと、10ドル札を失くしたことに気づいた。それでもあなたは財布から10ドル出して当日券を買いますか？」

この問いには88％の人が「イエス」と答えています。一方で、今度は以下のような質問をしてみました。

「あなたは事前に10ドルの前売券を買っておいたけれど、劇場に着いたら前売券が見当たらない。それでもあなたは財布から10ドル出して当日券を買いますか？」

この問いにイエスと答えた人は46％。半分以上の人はノーと答えました。

２つの質問のどちらの場合も、失くしたお金の価値は10ドルで変わりはありません。しかし、同じ10ドルであっても、お札を落とした場合と前売券を落とした場合とでその後の行動が変わっているということは、その10ドルに対して感じている心の会計が異なっているということです。

つまり、メンタル・アカウンティングとは、人の心の中に「そのお金が何のためのお金か」、無意識に「仕分け」がされているということです。先ほどの実験の場合、被験者の心の中には無意識に「劇に使うお金は10ドル」と仕分けがされています。

前者の質問の場合、失くした10ドルは劇とは関係のない10ドルです。失くしたことに対するショックはあるものの、それと「劇のために使う10ドル」とは〝別会計〟なのです。ですから、10ドルを出すことに抵抗がありませんでした。

一方で、後者の前売券を失くした例の場合、前売券を買った時点で、被験者はすでに「劇のために使う10ドル」は使ってしまっています。その前売券を失くしてしまったわけですから、失くした10ドル（の前売券）は「劇のために使う10ドル」に会計されているのです。ですから、それ以外に10ドルを出すことは、劇のためにさらに追加で10ドルを出すことになってしまい、そこに心理的な抵抗が生まれます。

合理的に考えれば、損をしたのは同じ10ドルなのですから、行動が変わるというのは非合理的です。しかし、実際には人間はこのように非合理な行動を取ります。

まるで会計（家計簿）上で、それぞれのお金が何のために使ったものか仕分けがされているように、人の心の中にはそれぞれのお金が何のために使われるべきか、無意識に仕分けがされ、その仕分けによって同額のお金でも価値が変わってきます。これがメンタル・アカウンティングなのです。

メンタル・アカウンティングには他にもいろいろな例があり、例えば多くの人がやっている、「給与から積み立てる子どもの教育費が3万円、住宅ローンが8万円、食費が6万円、交際費が3万円……」というお金の配分にも影響しています。

「今月は食費を使いすぎたが、交際費は少なかった」

このとき合理的に考えると、交際費で使わなかった分のお金を食費に回せば、全体としては最適化されるでしょう。交際費を使わなかったということは、家での食事が増え、そのため食費が増えたと考えるのも合理的でしょう。しかし、人間には何にいくらを充てるべきかが別個に配分されるバイアスがあります。ですから、食費を決められた範囲の金額に抑えようと、忙しいのにいくつもスーパーを回って安い食材を探すなど、無駄な時間と労力をかけてしまう。この非合理な行動もメンタル・アカウンティングによるものです。

また、「思いがけない収入」が入ったときにも、人間はメンタル・アカウンティングによって非合理な行動を取ります。例えば、政府の給付金、臨時ボーナス、片付けをしたときにたまたま出てきたお金。

このときにも、もし合理的に考えれば、「貯金が進まないマイホーム資金に回そう」となるのですが、心の会計上では「うれしい臨時収入」という仕分けに入ってしまいます。そのせいで、つい外食したり、奮発して高いワインを買ってしまったりと、結局、無駄遣いをして消えてしまうということが起きます。

ですので「メンタル・アカウンティング」という非合理なものを持っていると自覚することはとても重要です。

――「自制バイアス」とは何か？

「買うつもりはないのに、思わずポチってしまった」

これはネットショッピングをしていればよくあることですが、人間は自分が思うほど自制心が強くありません。なのに、「私は誘惑に負けない。衝動的な行動を抑えられる」と自分を過大評価する認知のクセを持っています。これを行動経済学では「自制バイアス(Restraint Bias)」と呼びます。

例えばダイエット中の仕事帰り、疲れて空腹の状態でコンビニに寄るとします。「明日の朝食べるヨーグルトを買うだけだ」と自分に言い聞かせていても、商品を見るとつい、ビールやジュース、脂っこい太りそうなものも買ってしまう。誘惑に負けてしまうのです。

これが朝だったら、元気でシステム2もよく働いていますし、意志の力も強いはずです。「いやいや、ヨーグルトしか買わない」と自制できるでしょう。しかし、夜だって大丈夫というのは自制バイアス。空腹で疲れているなと自覚しているときには、ヨーグルトだけ手に取って、後は何も見ず・考えずにレジに直行すべきです。

「誘惑に弱いのに、誘惑に弱いことを理解していない」という非合理さに対処するには、誘惑されそうな状況に身を置かないことです。


何も買うつもりがないなら店に行かない。誘惑に負けないようにしようと意志の力で頑張るより、「自分は誘惑に弱い」と認識し、仕組みを作ることが大切です。

私は最近、「健康意識を上げて、間食もやめたい」という友人から相談を受けたのですが、話を聞いて驚いたのは家にお菓子が大量にあること。まずはそのお菓子を全部手放すように勧め、どうしても食べたいときは、一つだけ買いに一つ分の現金だけを持って歩いて買いに行くように勧めました。このように、行動をやめたい場合には、あえて「小さなひと手間」を加えることも効果があります。他には浪費をやめられない人は、銀行のキャッシュカードだけ持ち、クレジットカードやスマホを持たずに外出する。何か買いたいものがあったら、ATMで現金を引き出して買う必要性を作る。

また、アメリカでは以前クレジットカードを冷凍庫で凍らせ、すぐには使えないようにするというハックが話題になりました。

他にも、ビール好きだが、ちょっと飲むときの量を減らしたいという場合には、あえて冷蔵庫には入れずに常温で保管しておくという友人がいます。そうすると、冷蔵庫に入れて2時間ほど待っている間に「もういいや」となることが多いのです。このように、敢えてひと手間を必要とするようにし、自分で誘惑に打ち勝つ仕組みを作っておきましょう。

ミシガン州とウィスコンシン州、「埋没コスト」的にどっちを選ぶ？

ビジネス書をよく読む人なら、「埋没コスト（Sunk Cost）」という言葉をご存知だと思います。埋没コストとは、一度何かを始めたら、たとえ成果が出ていなくても、そこに費やした時間・お金・労力を取り戻そうと継続してしまうという非合理なバイアスです。

例えば、一生懸命に準備して始めた新しいプロジェクトだと、「やっぱりこれはダメだな」と思っても中断できない。どうにもならないと思いながら、「とりあえず最後までやってしまおう」と続けてしまう……。

元を取りたいと思うのが人間の心理であり、ギャンブルで「5万円もつぎ込んだんだから、あと3万入れて回収しよう」と熱くなってしまうのも、同じく埋没コストが働いています。

1985年と少し古くなりますが、埋没コストについてオハイオ大学のハル・アークスとキャサリン・ブルマーが発表した研究があります。

実験の被験者は「スキー旅行に参加する」という設定を聞かされます。

「あなたは冬休みにスキー旅行を計画し、ミシガン州プランには100ドル、ウィスコンシン州プランには50ドル、予約金を支払いました。どちらもスキー客に人気ですが、雪質といいスキー場の設備といい、きっとウィスコンシン州のほうが楽しめるでしょうね」

この説明の後、被験者はこう質問されます。

「実は2つのプランは同日に予約されていて、どちらか片方にしか行けません。キャンセルしても返金されない場合、どちらのスキー旅行に行きたいですか？」

どちらのプランを選んでも、行かなかったほうに支払った予約金は無駄になります。つまり、100%の人がより楽しめるスキー旅行を選ぶのが合理的な判断となりますが、なんと54%の被験者が「ミシガン州プランを選ぶ」と回答しました。アークスとブルマーは、半数以上の被験者がミシガン州を選んだのは、100ドルというより大きな初期投資を行ったからであり、「埋没コストの誤謬を証明するものである」と結論づけました。

つまり埋没コストにとらわれて、楽しくないほうの旅行を選ぶという非合理的な結果になってしまったのです。

――アテンション・エコノミー時代に知るべき「機会コスト」

合理的に考えれば続けても無駄なのに、なぜか続けてしまう埋没コストも、じっくり考えないことによって引き起こされる認知のクセですが、埋没コストがどんなものか知っているだけでは意味がなく、併せて覚えておくべきなのは、「機会コスト（Opportunity Cost）」です。

先ほどの埋没コストは実は、これまでにつぎ込んだ時間・お金・労力が無駄になるだけではありません。その時間で他にもっと成功につながることができるはずなのに、それができなくなる、つまり機会損失が一番の痛手なのです。

上手くいかないプロジェクトを埋没コストでずるずると続けていたら、その時間で新しいプロジェクトを始めるチャンスを失ってしまいます。すでに上手くいっていないプロジェクトを継続するエネルギーや予算や人材を別のところに回したら、新たな機会が生まれるはずです。これが「機会コスト」です。

終身雇用が主流ではないアメリカでは転職はよくあることですが、それでも大きな意思決定ということで、よく相談を伺うこともあります。大抵の人は、「今まで頑張ってきた」という埋没コストや現状維持バイアスが働き、躊躇することが多いのですが、そういうときは、私は機会コストについても考えるようアドバイスします。「転職することによって失うこと」ではなく、「転職しないことによって、どういうチャンスを失っているか」という反対の視点も考慮してみることで、ずっと悩んできたことを新しい角度から考えられます。

このように機会コストを知ることで、あきらめたり途中でやめたりすることの重要性が理解できます。また、「中断」という選択肢もまた重要な意思決定の一つです。

アテンション・エコノミーの時代、多忙なビジネスパーソンは自分の時間と注意をどこに向けるか、常に意識することが大切です。そのためには、認知のクセを自覚して、しっかり考えなくてはなりません。その意味で、埋没コストは無駄なことに意識を向けるだけではなく、成功する次の機会をも失ってしまうものとも言えます。

――「ホットハンド効果」――なぜ〝マイケル・ジョーダン以上〟を期待するのか？

他にもシステム1によって生まれる認知のクセがあります。それが「ホットハンド効果（Hot Hand Effect）」です。ホットハンド効果とは、ある事象が連続して起こると、次も同じことが起こると思い込んでしまう認知のクセ。実際には次も同じことが起きる根拠などないのに思い込んでしまうという意味で、やはり非合理な意思決定です。

例えば、バスケットボールの試合で、A選手が3回シュートし、3回とも入れたとします。試合は接戦。再びボールがA選手に回ってきました。4回連続のゴールかと、チームメイトも観客も固唾を飲んで見守ります。

「あいつなら絶対に入れるに違いない」と。

そのように、システム1で「あいつならできる！」と考えてしまいますが、実際システム2で統計学的に考えてみれば、まずあり得ないとわかるでしょう。あのマイケル・ジョーダンでさえシュートが決まる確率は約50％、ざっくり言うと2回に1回は外します。1回目も2回目も3回目も確率は毎回約50％。3回連続ゴールが決まったからといって、4回目になったら確率が１００％になるのはあり得ない――数学が苦手な人でもわかるでしょう。

統計学的にも、シュートそれぞれは確率的には独立した事象であるので、それまでの直近の実績により次のシュートが入る確率を予想することはできないのです。つまり、3回連続ゴールを決めたA選手が次も決めてくれるに違いないというのは、認知のクセだったのです。

ですが、それでもできると思ってしまうのが人間です。

この認知のクセを証明するために、スタンフォード大学のトベルスキーらは実際の観客を対象に調査を行いました。試合を見ていた観客の91％が、直前に何度もシュートを決めている選手はそうでない選手よりも次に決める確率が高いと考えていました。また、観客の68％が、フリースローについても同様の感覚を持っていました。観客を対象とした結果と同様に、選手を対象とした調査でも、似たような結果が得られています。

この認知のクセはホットハンド効果と呼ばれます。バスケットボールに由来する言葉ですが、迷信や占い、ゲン担ぎの類いにも当てはまります。日本語でも「あいつは持ってる！」という言葉が使われることがあると思いますが、「hot hand」は同じような意味です。

「ホットハンド効果」はビジネスの場でも見られます。成果を上げ、上手くいっている人がいたら「次もできるに違いない」と自分も周りも思ってしまうのです。

例えば出版社で、ある編集者が3冊連続でベストセラーを出したとします。その人は一目置かれ「Bさんの企画なら間違いない」と企画はすぐに採用され、上司も販売部も応援してくれます。

かたやヒットのないCさんはいくら企画を出しても「こんなの売れるはずないだろう」と、会議で却下されて終わりです。

周りの思い込みがホットハンド効果となり、社内で優遇される人とそうでない人が出てしまうということです。

本が売れるかどうかはバスケットボールのシュートほど明確ではありませんが、確かにCさんよりBさんのほうが実力がある可能性はあり、ヒットを出す確率も人によって違います。

ですが、仮にBさんがヒットを出す確率が6割、Cさんが4割としても、次のBさんの企画が売れる可能性は6割で、逆に言うと4割は売れずに終わります。Cさんの企画が売れる確率は4割でも、今度の企画はその4割で大ヒットするかもしれません。

期待は、「良い思い込み」をBさんに与えますが、意味もなく過剰に期待すると、「前に上手くいった人が上手くいく」という過去に引きずられる前例主義になったり、これからヒットを出すかもしれないCさんの芽を摘んでしまったりします。ホットハンド効果は、取扱注意ということです。

私が述べたいのは、ちょっと立ち止まって考えずに期待するのは非合理な判断になってしまっているかもしれないということ。

「過去の成功に引きずられて認知のクセが出てしまい、システム1で人を判断していないか？」と、システム2で自己チェックすることが大切です。特にビジネスパーソンであれば、ホットハンド効果のような「自分の非合理な認知のクセ」で、部下の成長の芽を摘んではなりません。

マクドナルドのアンケート調査が大いなる失敗だったワケ

私の仕事は、行動経済学をいかにビジネスに取り入れるか、企業にコンサルティングをすること。行動経済学が「人間（の行動）」を研究対象としていることから、企業が取り入れる行動経済学の用途は多岐に渡ります。

わかりやすい例ですと、マーケティングや宣伝、販売戦略などのデータとなるマーケティングリサーチがあります。企業の顧客はまさに「人間」そのもの。「人間の行動」を科学的に理解することで、その商品やサービスの販売促進につなげられます。

一方、ビジネスに関わる「人間」は顧客ばかりではありません。企業の従業員も同じく人間ですから、人事政策に行動経済学を取り入れることで、従業員満足度の向上につなげる企業もあります。

アカデミックの世界から打って変わって多くのビジネスパーソンと接する中で気づいたことがあります。クライアントが大企業の経営幹部だろうとスタートアップ企業の若い社員だろうと、会議室では間違った議論が行われているのです。

「なぜ顧客は我が社のこの商品を買わないのか？　この機能を加えたらメリットになるから買ってくれるんじゃなかったのか？」
「このアプリのダウンロード数が伸びないのはなぜか？　価格設定が間違っているんじゃないか」

これらの議論は企業で頻繁に行われている「あるある」でしょう。なぜこれらの議論が間違っているのでしょうか。

こういった会議室の議論は、システム2を使って消費者のことを考えてしまっているからです。あなたが何か買うときのことを思い出せばわかると思いますが、消費者は実際には、じっくり考えて商品やサービスを買うわけではありません。多くはシステム1を使って瞬間的な思考で購入します。

例えば、「商品Aは価格が安くて品質が良い」となれば、消費者は合理的に判断してAを選びそうなものですが、実際は異なります。消費者はなんとなく商品Bを買ったり、合理的とは言えない意外な理由から商品Cが爆発的に人気になったりします。

あるいはユーザーはアプリをダウンロードするとき、「似たようなアプリをすべて比較・

検討した結果、アプリBが使い勝手が良くて無料でいろいろなことができる」という合理性に基づいて意思決定することはあまりありません。スマートフォンをいじっていて、「なんとなく良さそう」という理由で深く考えたりせずにダウンロードする人が多いでしょう。

このように、マーケティングリサーチをする際と、実際の日常生活とでは乖離があることから、リサーチのデータは鵜呑みにできないということは実験でも証明されています。

この実験では、寮生活を送る学生が対象で、そのほとんどの学生は併設の食堂で食事を済ませます。そんな学生が次の2つのコピーのどちらに動かされたかを検証しました。

・コピー1「健康的な毎日のために、1日に5つの野菜と果物を食べましょう」
・コピー2「1日に5つの果物と野菜をトレイの上に置きましょう」

学生にアンケートを取ったところ、「言葉がいいし効果的だろう」と選ばれたのはコピー1でした。このアンケートだけを基にすると、コピー1のほうがいいように思うでしょう。

ところが、実際に大学生たちの食生活の改善に役立ったのは、コピー2でした。

なぜなら、コピー1のほうが言葉としての響きが良くても、いざ寮の食堂でシステム1

で選ぶとなった際、頭に浮かぶのはコピー2のほうだからです。

この実験は、マーケティング調査などでアンケートを取って決めた宣伝文句は、往々にして効果が出ない場合があることを示しています。ここで覚えておくべきは、消費者自身も無意識に行動をしているため、自分がなぜそのように行動したのかを言語化することはできないということです。行動経済学を理解していれば、マーケティング調査の限界を意識しながら、顧客の行動についてその背景を読み解き、柔軟に解釈することが可能です。

多くの企業でもマーケティングリサーチとしてアンケートを実施していますが、この手法で消費者心理を捉えるのは難しいでしょう。それは、世界的企業であるマクドナルドでさえ同じです。

マクドナルドと言えば、主力商品の「脂っこいハンバーガーやフライドポテト」を手早く美味しく食べられるということで、1955年のフランチャイズ開始以来、急成長を遂げてきました。

しかし、時代は変わり、近年は「健康志向」の傾向が強まっています。マクドナルドが行ったアンケートでも例に漏れず、「もっと健康的なメニューも増やしてほしい」という声がたくさん挙がったそうです。そこでマクドナルドとしては、「消費者の求めるもの」を提供しようと、2013年、サイドメニューにサラダとフルーツを加えました。お客さまの要望通り、世の中のヘルシー嗜好に合わせて、もっと幅広いメニューを提供しようとしたのです。

しかし、この戦略は裏目に出ました。マクドナルドが大規模なマーケティングを行ったにもかかわらず、実際顧客が買い求めていたのは「健康的なメニュー」ではなく「こってりした揚げ物、ファストフード」でした。

ちなみに日本マクドナルドでも、2006年にマーケティングを基にヘルシーな「サラダマック」を発売し、失敗に終わった経緯があります。

これは行動経済学を基に考えてみると簡単に納得できる結果です。前述したように、「人は時間がないとき、疲れているときなどにシステム1に頼って意思決定をする」傾向があります。

では人がマクドナルドに行くときはどうでしょうか？　日本ではどうかわかりませんが、特にドライブスルーが売上のほとんどを占めるアメリカでは、「忙しいとき、または疲れているとき」に行くことが多いのです。

つまり、顧客がマクドナルドで注文する際は、「しっかりと健康を考えて注文する」のではなく「なんとなくぱっと見て決める」という「システム１」の意思決定がなされている――。

一方、人がアンケートに答えるときはどうでしょうか。記入式であれ口頭であれ、調査対象者はじっくり考えて「システム２」で答えます。人は「システム２」が働くと、「○○するべきだ」という合理的でかつ理想的な行動を頭に置いて回答する傾向があるのです。

このギャップのせいで、行動経済学の知見なしでのアンケートでは消費者の本当の深層心理を引き出すことは難しいのです。このギャップを回避するには、システム１でものを買う消費者を理解しようと思ったら、やはり会議室の議論も、顧客理解も、システム１の観点から考えるべきなのです。最近はマクドナルドも行動経済学を取り入れ始め、顧客がどうシステム１でメニューを見て意思決定しているかを模索しています。

また、多くの消費者が実際商品を購入・使用するときの状況と、アンケートに答えるときの状況もかなり違います（「状況」については第２章でも話します）。

基本的に、アンケートによる定量調査（アンケートの結果を数値化し、データ分析する調査）はこのジレンマにぶち当たってしまうため、消費者がなぜ商品を購入し、どう使用するかを理解するには限界があります。「消費者がその商品やサービスを買う理由は、その消費者自身もなかなか言語化できない」。このことを前提として認識する必要があります。

一方で、定性調査（対面して聞き取る調査）であれば、もっと細かいニュアンスが理解できるでしょう。しかしながら、こちらも消費者が答えていることをただ単に鵜呑みにしてはいけません。

「なぜ我が社の商品を購入しましたか？」

こう聞いたとき相手が「品質が高くデザインも良いから」と答えたとしても、それは調査の場で考えた限りの回答だったりします。ちょっと見栄を張って賢そうな購入理由を述べることもありますし、質問者の顔色を見て「つい、相手が喜びそうな回答をしてしまう」というケースも珍しくありません。

しかし実際の購入は、非合理な意思決定を基になされ、気分、一番手に取りやすいところに商品が並べてあったという偶然、時間帯の影響など、さまざまな無意識の要素が働いています。

こういったことから、会議室の議論でもアンケートでも、行動経済学を考慮したほうが消費者心理をより深く理解できます。なぜなら、行動経済学はまさに人間（消費者）の無意識の意思決定（購買理由）を科学する学問だからです。

エグゼクティブがリサーチ結果を見て、「アンケートによれば80％の人が健康にいいメニューを選ぶと回答しているのに、なぜフルーツサラダが売れない？　なぜチョコレートケーキのほうが売上が高いのか？」と首を傾げますが、これは当然と言えば当然のこと。人間の心理や行動は非合理なのですから。

── 人間理解には考察よりも観察せよ

こういったことから、消費者や従業員など対象となる人間を理解しようと思ったら「考察」には限界があります。それよりも、「観察」をすることが大事です。はたからこっそりと見て、人が無意識にどんな行動をしているかを知るのです。

そんな「観察」をする方法として、私がクライアントに勧めているマーケティングリサーチ手法に「エスノグラフィー」があります。エスノグラフィーとは民族学で行われているフィールドワーク調査で、普通の人の生活に密着し、日々の習慣、儀式、食事、言語、余暇の過ごし方など、ありのままを観察して行動様式や文化を知る調査方法を指します。相手をただ観察することで、より本質に近い理解が可能とされ、ビジネスシーンでも取り入れられています。

顧客すべてにエスノグラフィーを用いるのは無理がありますが、主力商品の開発であれば、ターゲットになりそうな人たちに生活状態をビデオ撮影してもらう手法もあります。

また、人事やマネジメントに生かすには、社内アンケートに頼るだけではなく、就業中の従業員の普段の様子をちゃんと観察してあげるのも有効です。

ちなみに、アメリカの「アンダーカバーボス」という番組を知っていますか？　アメリカでは人気テレビ番組で、企業の社長が変装して自社の工場などで従業員に混じって仕事をするという、エスノグラフィーをドキュメンタリー化したような設定です。多くの社長が実際に工場で製品を一緒に作ってみて、「データでは全然わからなかった問題点がいっぱいある！」と気づきを得るのがこの番組の人気の秘密。経営者ともなれば組織の下のほうで働いている人の行動心理はわからなくなるもので、アンケートのデータや人事面談による回答だけ集めて改善するのは無理があります。

責任のある人、決定力のある人ほど、実際に観察することが大切です。観察の結果、ありのままの人間がいかに非合理なものかわかれば、より適切な意思決定をし、施策を講じることも可能となります。

定量調査は、一度に大量のデータが収集でき、行動履歴などシステム2で答えやすい質問には適切ですが、認知のクセを理解し、それを有効活用するマーケティングがしたいのであれば、「定性調査（インタビュー）とエスノグラフィー」の2つを用いて総合的に判断するのがベストですが、現実には「そこまでリソースを割くのは難しい」という企業がほとんどです。それなら、どちらが良いということではなく、「何が知りたいか」に合わせて使い分けていくといいでしょう。

――「フット・イン・ザ・ドア」で、街中にステッカーを貼りまくれ！

ここまで、どう行動経済学を使い、非合理な自分、そして他の人を理解していくかを話してきました。行動経済学はそれだけではなく、上手く人と「交渉する」にはどうするか、にも当てはめられます。

人間の営みには「交渉」がつきもので、日々交渉を重ねるのは、ビジネスに限った話ではありません。

お皿を洗ってもらう、選挙に協力してもらう、同僚に仕事を手伝ってもらうのも交渉です。人間関係は依頼と同意でつながっていき、毎日が交渉の連続なのです。

行動経済学を教養として身につければ、交渉の原理原則を使いこなせます。

そこで認知のクセの一つとして紹介しておきたいのは「フット・イン・ザ・ドア（Foot in the Door）」。「小さなお願いから始めよ」ということです。

誰かを訪ねていって、いきなり家に入れてもらおうとすると拒絶されるでしょう。ですから、まずは一歩、足先を入れる——。つまり、頼みごとをするなら、最初から大きな依頼をせずに小さなことから始めなさいということ。

例えば自分が住むマンションの自治会で、「安全運転キャンペーン」を実施することになり、あなたは役員として協力者を集めることになったとします。

キャンペーンを地域の人たちに知ってもらうために、「マンションの自分の部屋の窓に、外から見えるような大きいポスターを貼ってほしい」と、居住者にお願いして回ることになりました。

さて、あなたならどうしますか？

いきなり、同じマンションに住んでいるだけでよく知らない人に「あなたの家の窓に大きなポスターを貼ってください」と頼んでもなかなか同意してもらえないでしょう。実際、このような実験をしたジョナサン・フリードマンの調査では、大きめのポスターは16・7％の人しか貼ってくれませんでした。

そこでフリードマンの実験では、まず小さなステッカーを作って住人に配り、「窓や車の中に貼ってください」と頼んでみました。目立たないものですが、ここから安全運転の重要性を思い出してもらおうとしたのです。

そして、その2週間後、住人に「安全運転の大きなポスターを自宅の窓に貼ってください」とお願いしました。その際、ステッカーは最初の倍のサイズになっていましたが、76％の人に受け入れてもらえました。このフット・イン・ザ・ドア効果で、最終的には、当初窓に貼ってほしかった「外から見える大きなポスター」を、5倍ぐらいの人に貼ってもらうことに成功しました。

最初の小さなお願いは、引き受ける際のハードルが低い。それでも、頼みごとを聞いてあげる際、相手には「私は交通安全を意識しているし、自治体のお願いを聞いてあげるいい人なんだ」という気持ちが生まれます。

その気持ちの一貫性を保つために、2週間後、「もう少し大きいポスターに替えてくださ い」と言われても、OKしてしまうのです。承諾しないと、「交通安全を意識し、自治体のお願いを聞いてあげるいい人」という自己イメージと矛盾するためです。

しばらく大きめのステッカーを貼っていたら、物事がそのまま継続される一貫性の効果が生まれます。やがてステッカーを貼った住人の心の中に、「こうしてずっと応援してきたんだから、キャンペーンを盛り上げないといけない」という埋没コストも生まれて、さらに協力してもらえます。

小さなお願いから始めて、大きく好意的な応援までしてもらう。これは認知のクセを利用した交渉の基本と言えます。


もちろん、小さなお願いに続く大きなお願いは、何かしらの関連性があるほうが効果は高くなります。つまり、「交通安全キャンペーン」のステッカーをお願いした後に、全く関係ない「震災の被害者への寄付」をお願いしても、聞いてもらえる確率は低いでしょう。

――グーグルの採用と「確証バイアス」

急激に変化した情報社会で、いろいろな情報が飛び回る時代ですが、私たちはすべての情報を平等に処理できているのでしょうか？　ここでは、私たちが情報を受け取る際にどう非合理的な処理をしてしまっているかお話しします。

まず取り上げるのは「確証バイアス（Confirmation Bias）」で、これも認知のクセ。何かを思い込んだら、それを証明するための根拠ばかり集め始めてしまうバイアスです。

例えば、「このプランは絶対に成功する」と思って過去のデータを調べ始めると、成功例ばかりが見つかって「やはり上手くいくに違いない！」と確信を持つ。自分にとって都合の良い情報や信じたい調査結果ばかり集め、集めるだけではなく「絶対にこれだ」と信じて意思決定し、行動する――人間なら誰しも確証バイアスを持っています。

ビジネス以外にも確証バイアスはあります。例えば、一度ほしいと思った家電製品の購入を考慮する際、「電気消費量が多い」などの都合の悪い情報は無視して、「高性能であれこれできる」という良い情報ばかりに目が行ってしまいます。

「あの人はやっぱり典型的なＢ型だ。言葉が面白くて独特だし……」などと話す人もいますが、これも確証バイアスの働きです。自分の血液型を知らない人も多いアメリカでは、「Ａ型はこういう人で、Ｂ型は〜」という話が出ることはありませんので、日本ならではの確証バイアスかもしれません。

ポジションが上の人ほど、確証バイアスに注意を払う必要がある――。この理由がおわかりでしょうか？　人は地位が上がることで一般の消費者心理とかけ離れるものであり、消費者を「こうに違いない」と決めつけ、その根拠ばかり集めてしまいがちです。さらに、周りの部下たちもどうしても上司がほしがる情報を出そうとしてしまいますので、上司にとって都合の良い情報ばかりが集まってしまいます。

こうして確証バイアスにとらわれた〝偉い人〟は、やがて自分に都合がいいことだけ聞き、不都合なことは「聞く耳を持たない状態」になってしまうでしょう。

また、面接では、本来その人が仕事でどのような能力を発揮するかを評価しなければなりませんが、実際には、面接官が面接相手を単純に「好き嫌い」だけで判断しがちというのは、いろいろな調査結果にも出ています。会社の採用などで面接官を務めたとき、「この人が気に入った」と思ったら、なんとなく「もっと気に入る理由」を探してしまったという経験はないでしょうか？　これも確証バイアスの働きです。

確証バイアスを完全になくすことはできませんが、「誰にでも確証バイアスがある」という前提で、「ああ、確証バイアスで自分に都合よく考えているかもしれない」と内省すれば、システム2が働いてより良い意思決定へと修正していけます。

グーグルの人事担当で、同社の従業員が6000人から6万人に増えていく過程で、グーグルの人事システムを設計・担当したラズロ・ボックによると、確証バイアスを下げるため、面接の際には、サンプル作業を入れ、その結果を重要視したそうです。サンプル作業なら、決まった採点法で評価できるため、確証バイアスを減少させられるのです。

私自身も、確証バイアスを軽減するためにいくつかの工夫をしています。例えば自分のプランに対して部下からのフィードバックを求めるときは、はっきりと念を押します。「『このプランは素晴らしい』と同意してほしいわけじゃないですよ。大事な目的はプロジェクトのクオリティを高めること。それには『このままで良い』というのではなく、改善点をフィードバックしてくださいね」

他にも、ミーティングなどの際には敢えて反対の意見を求めてみるのもいいでしょう。アメリカではしばしば、議論を活発にするために批判的な意見を述べる「悪魔の代弁者（Devil's Advocate）」という役回りを設けることがあります。会議で、「悪魔の代弁者として、あえて異を唱えてみるよ」と前置きをして反対意見を言うのもよくあるシーン。賛成・反対の両方の意見を考慮して意思決定するためのメソッドです。

また、確証バイアスをなくすために、私が自分のチームとよくやるのは「思考エクササイズ（Thought Exercise）」です。

「このプロジェクトはプランAで進める予定だけど、もしプランBにしたらどうなると思う？」

このように、反対のことをしたらどうなるか次々と頭の中でディスカッションを重ね、シミュレーションしていくことで、バランスよくプランを検討できるようになります。

──そのクリームが効果的に見えるのは「真理の錯誤効果」かも

確証バイアスとは逆に、「絶対にこんなことはあり得ない」と思っているのに、繰り返し見たり聞いたりすると信じてしまう──そんなやっかいな認知のクセもあります。

例えば小さなチームの上司が、昔ながらの非効率的な営業手法を繰り返し語り続けたとします。

「難しい理屈はいらないよ。営業は足で稼ぐものだ。一件でも多く顧客を訪問して契約を取りなさい。私も100件ノックし続けて、最優秀社員に選ばれたんだ」

上司の成功体験は数十年前のもので、セキュリティが厳しい集合住宅も増えた現在、足で稼ぐという営業は成り立ちません。むしろ会社にいたままインターネットを使った戦略を考えたほうが、より効果的かつ効率的なことは明らかです。

しかし、毎日毎日、上司の熱いトークを聞くうちに、チームの部下たちは「そうだよな、実績がある人の意見だから正しいに違いない」と信じるようになっていく。これが私が博士課程の卒業論文でも発展させた「真理の錯誤効果（Illusory Truth Effect）」です。

真理の錯誤効果が最も多く見られるのは、ネット上でしょう。今や国を問わず、虚偽情報や大げさな広告が氾濫しています。

「このクリームを塗れば驚くほど美肌に！」

使用前と使用後の画像は明らかに加工されており、最初は「あり得ない」と思っていても、繰り返し何度も見ていると「いやいや、このクリームはすごそうだ」と思ってしまう——そんな経験はないでしょうか？

医学・健康情報など、真理の錯誤効果はいろいろなところに潜んでおり、ネット社会に生きている私たちが日々危険にさらされている問題と言えるでしょう。

真理の錯誤効果を回避するには、最初に「おかしい」と思った時点で、できる限り真偽を検証して怪しいものは排除しておくこと。なぜなら人は、なじみがある情報をより信じてしまうからです。

例えば、「とても仕事が早い」と長年評判の他部署のＡさん。その後、その部署の知り合いから「実はＡさんは仕事が早いのではなく、適当なだけ」という実態がわかったとします。ところがその人の中では「Ａさんは仕事が早い」と「そうではなく、Ａさんはミスが多い」という情報の関連づけはすぐ忘れ去られ、いわば２つの情報が「上書き保存ではなく、別の名前で保存されたファイル」として、２つの情報が別の場所で関連づけされずに存在してしまいます。

この状態でどちらのファイルを思い出すかと言えばなじみのあるほう、すなわち「最初に保存されたファイル」になるのです。

この点を理解し、「ちょっと疑わしいな」という情報を聞いたときには、すぐに真偽を検証してみると、認知のクセによるバイアスを削減できます。

日常でも、「〇〇〇だと思うかもしれませんが、実は違うのです」という話し方やマーケティングを見かけることがあります。このような場合も、時間が経つと「〇〇〇だと思う」という情報と「実は違うのです」という情報が別の名前のファイルで保存される可能性があります。結果として「〇〇〇だと思う」ことが事実として頭に残ってしまうので、気をつけましょう。

「五感」も認知のクセになる

——世界の注目分野「身体的認知」とは何か？

ここまで脳の中の「認知のクセ」について説明してきましたが、脳と身体は連動しています。脳が身体を動かしているばかりではなく、身体が受ける情報は神経伝達物質として脳にフィードバックされることはよく知られている通りです。この「身体的認知」は、身体から入って脳に情報が伝達される際にも認知のクセが生まれるというものです。

クラーク大学のLaird博士の研究によれば、実際には面白くも楽しくもない場合でも、意図的に笑顔を作ることで、脳が「あれ、笑っているな。笑っているなら楽しいに違いない」と錯覚し、実際に楽しくなると結論づけています。さらに被験者にマンガを読ませた実験では、同じマンガであっても、意図的に笑顔を作って読む場合と、しかめっ面で読む場合、笑顔で読むほうが面白く感じられるという結果となりました。

その他にも、人の話を前のめりで聞くと、たとえ興味がない話であっても興味深く感じるというのも身体的認知の例です。

他にも「身体的な温かさが、心理的な温かさにつながる」という研究もあります。例えば、初めて訪問する会社で、温かい飲み物を出された場合と冷たい飲み物を出された場合とで、商談相手の印象が変わります。

温かいお茶を出してもらった場合だと、相手のことを「ああ、この人は温かい人だ」と人は思い、アイスティーなど冷たい飲み物だと、「あれ、この人はなんだか冷たい人だ」と錯覚をします。身体と脳がいかに密接な関係にあるか、この研究からも読み取れます。

このようにして身体感覚は、無意識な認知のクセとして人間に刻み込まれているのです。

「概念メタファー」——高級時計の見せ方は、垂直かナナメか？

次ページの2つの時計の広告は、とある論文で実験された広告の写真です。同論文では、この2つの広告のうち、どちらがより効果的かが実験されました。

ここで結論に入る前に、あなたも考えてみてください。どちらがより消費者に魅力的に映るでしょうか。もちろん同じ時計、同じモデル、ポーズもポケットに手を入れるという同じポーズで、唯一違うのは「時計の向き」だけです。

同論文によると、左の広告のほうが権威性を示す、つまりは高級時計には効果的な広告になると結論づけています。なぜでしょうか。

左右の広告を比べると、左の広告は時計の向きが「垂直」で、右の広告は「ナナメ」になっています。このとき、人は左の広告からは、「権威性」や「贅沢」な印象を感じます。人は垂直のものを見ると、無意識のうちに「人の上に立つ」「出世する」「優位性」といった感覚を抱くのです。その感覚によって「この時計は高級品に違いない」と解釈します。垂直性は「重力に逆らって上昇・忍耐力・強さ」を無意識に示唆するとの調査結果も出て

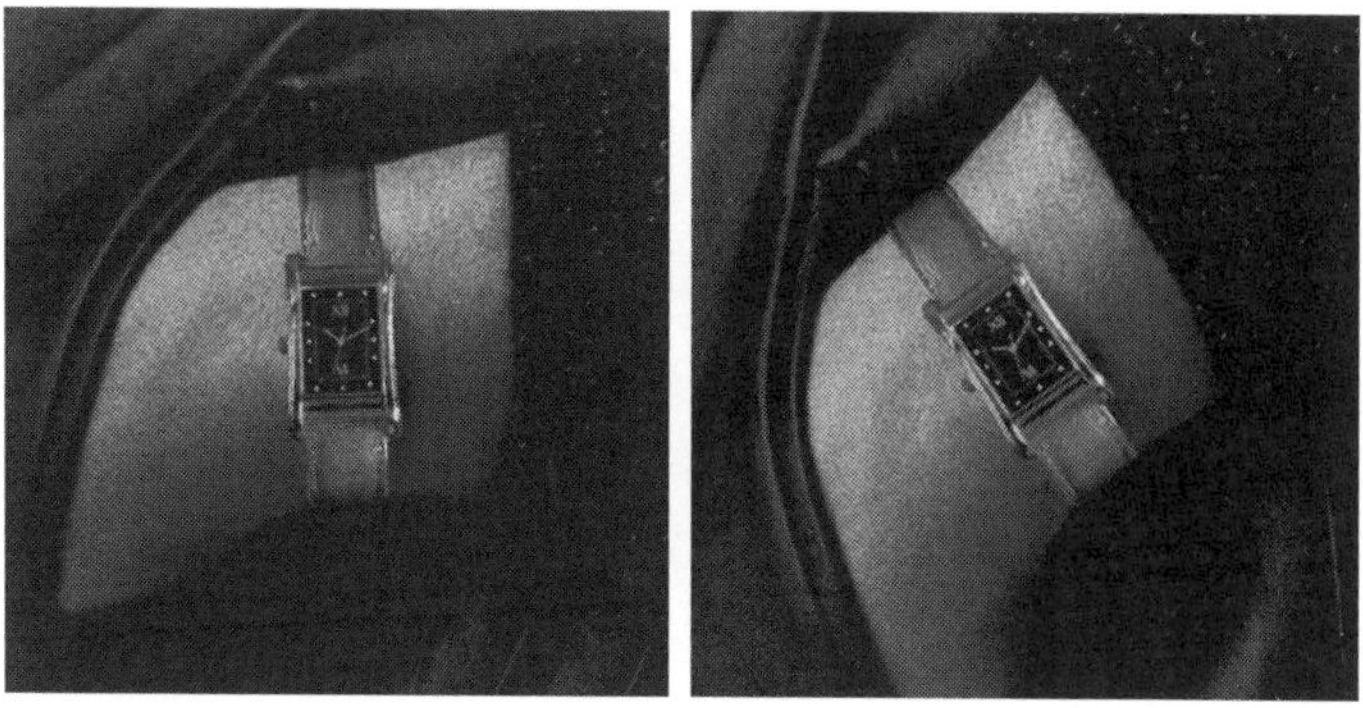

出典：Peracchio, L. A., & Meyers-Levy, J.（2005）. Using stylistic properties of ad pictures to communicate with consumers. Journal of Consumer Research, 32(1), 29-40.

おり、左の写真を広告に使うことで、「高級で長く使える最高の時計」というイメージを喚起します。

このとき、「人の上に立つ」「出世する」「優位性」といった抽象的な概念を「垂直（な配置）」という「具体的なもの」に喩える（比喩）ということが起こっています。

このように、抽象的な概念を具体的なもので比喩することで、人が理解しやすくなる認知の枠組みを「概念メタファー（Conceptual Metaphor）」と言い、比喩が単に修辞技法や言葉の綾ではないことを証明しています。

あなたももし「高級な印象」を与えたいのなら、それを垂直に配置するといいでしょう。逆に、もっと躍動感を演出したいときには、あえて右の広告のようにナナメに配置するということも検討してもよい

出典：Van Rompay, T. J. L., & Pruyn, A. T. H.(2011). When visual product features speak the same language:Effects of shape-typeface congruence on brand perception and price expectations. Journal of product innovation management, 28(4), 599-610.

でしょう。

他にも概念メタファーによる認知のクセを利用すれば、より効果的なビジュアルを決定できます。

上のAとBの2つの水のボトルの写真を見てください。もしあなたが「高級感」を演出したい場合、どちらを選ぶべきでしょうか。

答えは、Aです。

背が高く細長いAのほうが高級な印象になります。一方で、親しみやすい安心感を演出できるのはBです。

人は無意識のうちに「細長いもの＝高級」「低くて幅があるもの＝気楽」と感じるため

です。人は直感的に、背の高いものを見ると「力・権威・高級感がある」と感じ、低いものを見ると「安心、親しみやすさ」を感じるのです。

これも「高級」という抽象的な概念を「背が高く細長い」という具体的なもので比喩して理解しやすくしている、「概念メタファー」です。

「認知の流暢さ」のために アップルのロゴは上部に載せるべき

商品のパッケージのデザインの際には、ロゴの配置も重要な決定事項でしょう。そのときのロゴの配置についても、商品の知名度によって場所を変えたほうがよいでしょう。載せる位置によって印象が変わります。

アパルナ・サンダーらの実験によると、アップルのような訴求力の高いブランドの商品だと、ロゴが下部よりも上部にあったほうが好まれました。反対に、あまり人気のないマイナーなブランドだとロゴが下にあったほうが好まれ、購買意欲も高まったのです。これはテクノロジーの商品だけではありません。アメリカでも大人気のスターバックスも、ロゴが下部よりも上部にあったほうが好まれました。

これも、「訴求力が高い」イコール「優れている」という抽象的な概念を「ロゴの位置」

という具体的なもので比喩して理解しやすくしている、概念メタファー理論です。

このように、商品や広告のビジュアルを考える際には「認知の流暢さ（Cognitive Fluency）」を意識することも非常に重要です。先ほども「非流暢性」で説明しましたが、「流暢」とは「ひっかかりがない」、つまり「わかりやすい（瞬時に認知できる）」ということです。

その意味で概念メタファー理論は、認知の流暢さを作り出す手法の一つです。「高い＝パワフル」「低い＝気楽」という概念メタファー理論を利用し、「認知の流暢さ（わかりやすさ）」があるデザインを作り出せば、それぞれ消費者に受け入れられやすくなります。

また、消費者の深層心理を理解することも大切です。先ほどお話ししたスターバックスの実験ですが、面白いことに、この効果は、人が「自分は影響力がないな」と感じているときにはなくなりました。これは、自分が「影響力がない」と感じている際は、ロゴが上にあることで無意識に示される「優位性や影響力」に流暢性がなく、ピンとこなかったからでしょう。

「Aのデザインと B のデザイン、どちらが好きですか？」

この質問はマーケティングリサーチの定番ですが、このときにただの好き嫌いではなく、身体的認知のクセを踏まえて検証することが大事です。そうすれば、わかりやすく、自然に感じるデザインを選ぶことができます。またこうした行動経済学の知識を、プレゼンテーションの際に学術的なエビデンスとして示してもいいでしょう。

「時間」も認知のクセになる

将来のあなたは別人にすり替わる!?
――「双曲割引モデル」――

脳、身体の他に人の意思決定に大きな影響を及ぼすのは、「時間による認知のクセ」です。時の流れは一定であり、合理的に考えれば1日は24時間。今日と明日は同じ価値です。ところが人間には認知のクセがあり、時間についても非合理な解釈をします。

ビジネスパーソンが押さえておきたい代表的なものは、「双曲割引モデル（Hyperbolic Discounting）」。人間には「今」により重点を置いて「将来のこと」が考えられない「現在志向バイアス」があると述べましたが、さらに矛盾する非合理な性質がこの「双曲割引モデル」です。

双曲割引モデルは「近い将来を考える際は、少しの時間の差も気になるが、遠い将来を考える際は、時間の差が気にならない」というもので、よく知られている実験がお金についての2つの問いです。

質問その1:「今日100ドルもらうのと、1カ月後に120ドルもらうのと、どちらがいいか?」

ほとんどの人は「今日100ドルもらいたい」と答えます。これは現在志向バイアスの働きで、将来の大きな利益よりも、すぐに手に入る利益を優先させてしまう認知のクセですが、双曲割引モデルの鍵は質問その2にあります。

質問その2:「1年後に100ドルもらうのと、1年1カ月後に120ドルもらうのと、どちらがいいか?」

あなたなら、どちらを選ぶでしょうか? ほとんどの人は「1年1カ月後に120ドルもらいたい」と答えると証明されており、1日後、3日後と時間をいろいろと変えて検証

図表8　双曲割引

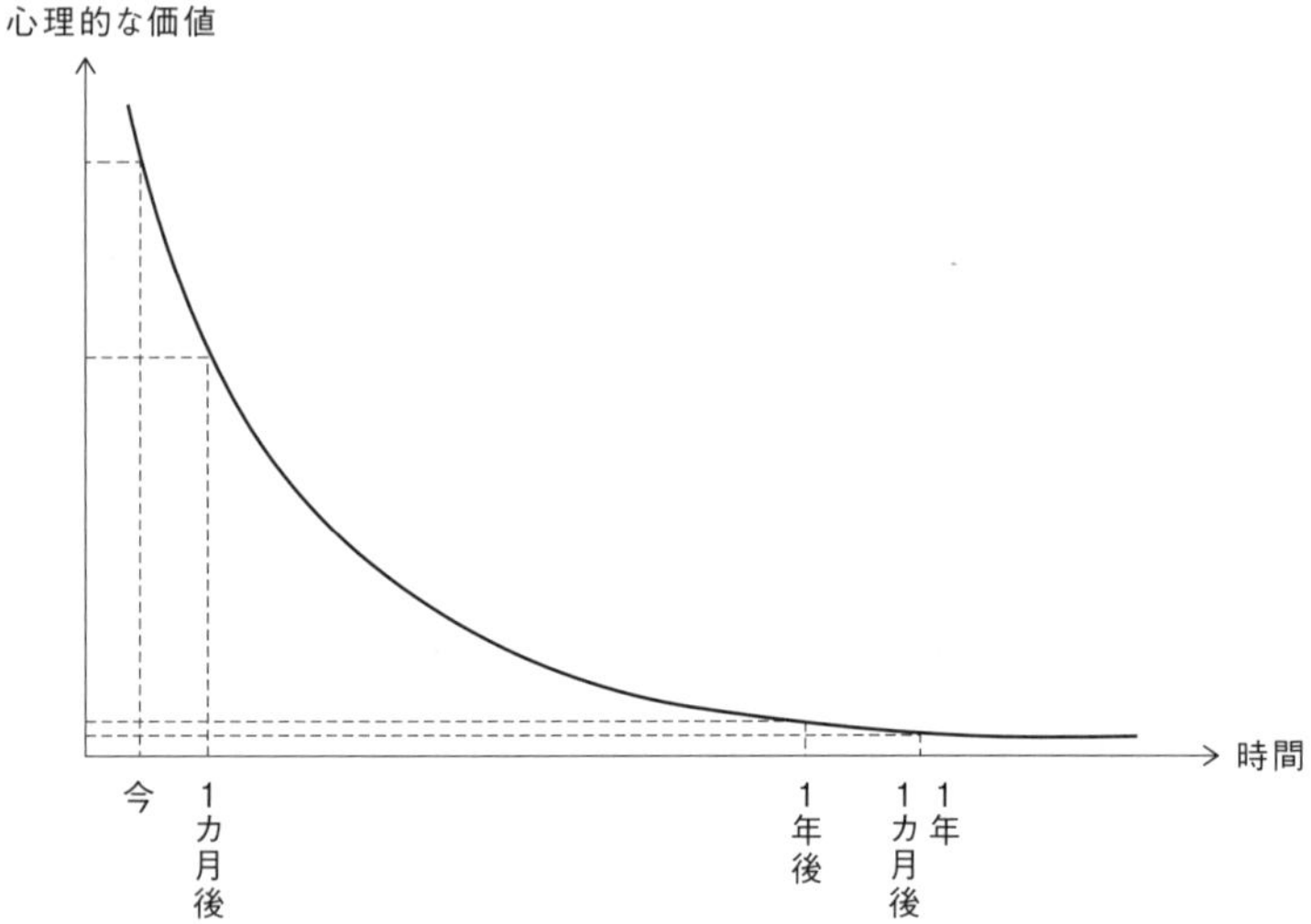

されていますが、やはり結果は同じでした。「今日と1カ月後」は大きな差でも、「1年と1年1カ月後」だと、同じ1カ月の差がたいしたものでなくなってしまう。ここから、人は時間を非合理に認知していることがわかります。

双曲割引モデルは、実際のビジネスシーンにおいてはありふれたものです。

例えばある会社で、管理職が部下の査定の際、最終評価をエクセルにまとめることになっていたとします。全社員のデータをまとめたファイルから部分的に切り出し、独立したファイルにするので、一つ一つ手作業でやっていくのは面倒ですし、ミスも起きます。

パイソンでプログラムを書いて自動化すればその後ずっとラクになりますが、いざ査定の時期になると、「プログラムを書くのは時間がかかるから、今回まで今まで通りさっさと手作業でやってしまおう」となります。しかし、「今期は貴重な時間を割けないけど、来期はきちんと1週間かけてプログラムを書こう」と毎回のように話がでるのです。

こうして長期的には利益となる作業を延々と先延ばしにするのは、時間を非合理に捉えているからです。人事、経理、財務、総務など、管理系の仕事によくある「双曲割引モデル」の例です。

――その数値はゼロから近いか、遠いか？

少し話はずれますが、このように、ゼロに近い数値（今日と1カ月後）の差は意識しやすいが、ゼロから遠い数値（1年後と2年後）の差は意識しづらいというのは、多くの研究で明らかになっています。後にも述べるプロスペクト理論もその一つで、ゼロから近い数値の10円と110円の100円差は気になるが、ゼロから遠い数値の1万円と1万100円の100円差は気にならないと言う感じです。

これは皆さんも経験したことがあるのではないでしょうか？　コンビニで買い物すると

きは、10円の差に目が行きがちですが、奮発して特別なお祝いをするために高額商品を買うときなどは、10円の差なんて気にも留めません。

このように、ゼロに近い金額差が気になるのは、普段の生活で私たちがゼロに近い金額とは頻繁に接しており、意識せずとも違いを感じられるからです。一方で、ゼロから遠い金額を目にする機会は相対的に少ないため、無意識では差を強く感じられません。

確かに、100円から1000円程度の買い物は頻繁にしますが、1万円以上の買い物を毎日何度もされる方は少ないと思います。このような日常の経験が積み重なって、「金額の差」への感覚の違いが出てくるのです。これは、ニック・チャーターとゴードン・ブラウンが2006年に発表したDecision by Samplingという理論で明らかになっています。

私はこの理論を人道支援へと応用させるため、当時プリンストン大学の博士課程生で、現在はカーネギーメロン大学で教授を務めるクリス・オリヴォラと共同研究を行いました。「ゼロから近い数値と遠い数値」に関する意識の違いは、人命に対する意識にも当てはまるか、日本・アメリカ・インド・インドネシアの4カ国において検証したのです。

その結果、死者数が1名なのか2名なのかという差は直感的に強く感じられた一方、40名死亡と41名死亡の差については、無意識での感受性が比較的低くなる傾向が4カ国すべてに共通して見られました。

この傾向は、倫理的に良い・悪いという問題ではありません。私たちが人道支援や人命に関わる重要な政策について考えるとき、参考にする必要があるでしょう。

興味深いことに、この研究を通じて国による違いも見えてきました。日本やアメリカなどインフラが整備され、大規模な事故や自然災害による甚大な被害の頻度が低い国では、一度に多くの人命が失われるニュースに触れることが珍しく、ゼロから遠い数値の差に対する無意識の感受性は相対的に低くなります。一方、少数の人命が失われるニュースに触れる機会が相対的に多いので、その差はより自然と意識されていました。

逆に、日米に対し、不十分な安全対策や脆弱なインフラが原因で、一度に多くの人命が犠牲になる事故や災害の頻度が高いインドやインドネシアでは、ゼロから遠い数値の人命の差に対する感受性が相対的に高かったのです。こちらも、倫理的な観点での優劣の問題ではなく、感覚の違いが各国の政策や人道支援にも影響するということを理解することが大切でしょう。

また、このようにいくつもの国を対象にしている研究では、認知のクセというのは、基本的に普遍的なものでありながらも、一方で国によって多少の差が出ることがあるというのも興味深いです。

――ホテル付きハワイツアーと「解釈レベル理論」

消費者の認知のクセが時間にどのような影響を受けているかを理解することにより、いつどこでどのような情報を提供すればよいかの知見が深まります。

例えば航空会社がホテル付きハワイツアーを企画していたとしたら、青い海と暖かでのんびりした雰囲気をアピールしようと思いがちですが、タイミングによっては逆効果になってしまいます。これは、時間による認知のクセ、「解釈レベル理論(Construal Level Theory)」を理解し、タイミングごとにアピールポイントを変更する必要があります。

先ほどの現在志向バイアスでもそうだったように、基本的に人間の意識が向くのは「今」であり、今についてはは「現実的かつ具体的」に考えます。逆に1週間後、1カ月後、1年後と、考えることが先になるにつれ、思考は抽象的になっていく――。これが「解釈レベル理論」です。

ハワイツアーの例で言うと、「来年の夏休みはハワイに行こう」という遠い予定のことを考えている場合、顧客が思い描くのはハワイの海や雰囲気、街並みなど抽象的なイメージです。

これが旅行が直前に迫ると、顧客の思考は「飛行場からホテルまでのアクセス、ツアーの特典、ホテルの部屋はバスタブ付きか？」といった具体的なものに変化します。

つまり、ツアー開催が顧客にとって先のことであればイメージ優先（抽象的）の宣伝が効果的であり、「1週間後に参加できる直前ツアー」であれば、具体的な情報が盛り込まれた宣伝にしないと顧客は集まらない。それを知っているか知らないかで、宣伝プランは大きく変わるということです。

240時間のプロジェクトも、「計画の誤謬」でハックせよ

ここまで時間による認知のクセを見てきましたが、ビジネスパーソンに共通する懸案はタイムマネジメントでしょう。かく言う私も同様ですし、コンサルティングの仕事は「このプロジェクトに100時間費やすので料金はこのくらいです」というのが主流のビジネス。だからこそ、時間通りにプロジェクトを進められるよう「計画」には日頃から留意し

ており、もちろん行動経済学の理論を用いています。

まず押さえておくべきは「計画の誤謬（Planning Fallacy）」。「あらゆる計画は所要時間や予算を甘く見積もって計画してしまうがために失敗する」という研究で、多くの残念な実例があります。

人間には「楽観バイアス」があるので、計画を立てているときは「たぶん上手くいくだろう」と思い、さらに「解釈レベル理論」があるために、計画している先のことは抽象的にしか考えられません。

極端に言うと、「このプロジェクトを終えるには、240時間かかるだろう。締め切りは来月だから、一日8時間やればいい。ちゃんと頑張ればそれくらいできるだろう」というような無茶な計画です。

「一つのプロジェクトに一日8時間費やす」というのは現実的には難しいのに、楽観バイアスで「やれる」と思う。解釈レベル理論があるので先のことを「ちゃんと頑張る」という抽象的なやり方でしか捉えられない……。こうして計画の誤謬に陥るのです。

これを防ぐために私が実際に取り入れているのは、全体にかかる時間を予測するのではなく、計画を細かいタスクに分けて個別に所要時間を予測する手法です。
「プロジェクトは5つのタスクに分けられて、1つのタスクに10時間かかる。それなら全体の時間をどう予測すればいいのか？」

さらに、会議にかける時間や部下の調査にかかる時間、クライアントに説明する時間など、できる限り細かく具体的にしていきます。行動経済学の認知のクセを知って対策を立てることで、コンサルタントという「時間を売るビジネス」を成立させていると言ってもいいでしょう。

また、ロジャー・ビューラーらの研究によると、「楽観的なシナリオの場合にかかる日数」ではなく、「最悪なシナリオの場合にかかる日数」を考えると、実際にかかった日数にかなり近づくことができるという結果が出ています。それでもなお、10％は過小評価だったということなので、「計画の誤謬」バイアスの強さが出ていますね。

人は楽しいことも嫌なことも結局、すぐ「快楽適応」する

タイムマネジメントが上手くなる一助として、「快楽適応（Hedonic Adaptation）」を知っておいて損はないでしょう。

快楽適応とは、人は何が起こっても、繰り返しベースラインの幸福度に戻るという理論です。

例えば、新車を買ったとき、仕事で昇進したとき、新しいパートナーができたとき。最初はすごくハッピーだったのに、すぐに幸せな気持ちが感じられなくなってしまったということはありませんか？

これこそ、快楽適応です。人は幸せだと感じることをずっとしていると、段々とその幸福度が一定のラインに戻ってきてしまうのです。人は慣れやすい生き物なのです。

ですから、幸せに思うことを一気にやってしまうのは、行動経済学的には損になります。もしあなたが新車を買って、幸福に感じたとしても、買った直後に何時間も乗り回してしまうと、すぐに幸福度が一定に戻ってしまいます。

その代わりに、「週末に一日1時間だけ」など、時間を細切れにすると、幸福度の上昇が

長続きします。

しかし、なぜこれがタイムマネジメントに生きるのでしょうか？

それは、快楽適応は実はネガティブな感情にも言えるからです。つまり、人が慣れやすいのは、ポジティブな感情だけでなく、ネガティブな感情に対してもということです。

おそらく、あなたは嫌だと感じる仕事ほど、途中途中に頻繁に休憩を挟んでしまいがちではないでしょうか。しかし、このようなネガティブな感情のときは、逆に「一気に」やってしまったほうがよいのかもしれません。

というのも、その嫌な気持ちも、ずっと取り組んでいると慣れてきて、段々と感じなくなるからです。

逆に言うと、嫌な仕事を細切れにしてしまうと、その嫌な気持ちになかなか慣れることはできません。そうなると、なかなか再開できないことで時間がかかりますし、取り組んでも同じく嫌な気持ちのまま取り組んでいるので、なかなか進まないでしょう。

ですから、嫌だと感じる仕事ほど、「一気に」片付けてしまうのが、行動経済学的には合理的なのです。

マネジメントに応用するのであれば、部下に面倒な仕事を命じるときは期限を設けるなどして、一気にやってもらうようにする。逆に楽しい仕事や報酬としての休暇は、細かく分けて何度も与えて心理的な満足度を高める。いずれも時間についての認知のクセを知っていればできることです。

トロント大学と「デュレーション・ヒューリスティック」

いかに時間をかけずに効率よく働くかは、今も昔も変わらないビジネスパーソンの課題となっていますので、生産性が求められる時代、ぜひ行動経済学の理論を活用してほしいと思います。

しかしながら、「あえて時間をかけたほうがよいケース」もありますので、挙げておきます。それが、「デュレーション・ヒューリスティック（Duration Heuristic）」が働いてしまうケースです。

デュレーションは「期間」や「時間」などの意味。ヒューリスティックは、直感的、瞬間的にある判断をしてしまう認知のクセで、「システム1」と近い関係があります。つまり、デュレーション・ヒューリスティックとは、「サービスの内容よりも、かかった時間で評価してしまう認知のクセ」のことを指します。

具体例を出しましょう。例えば、あなたはオートロックのマンションに住んでいるとします。あるとき、鍵を室内に置いたまま外に出て、ドアを閉めてしまいました。家族も皆外出しているし、どうやっても家の中に入れない。仕方なく専門の技術者に来てもらい、技術者の手にかかればものの3分で解錠できましたが、料金として2万円かかりました。

このときあなたはどう感じますか？「たった3分で2万円も取られてしまった」と思う方が大半でしょう。

しかし、よく考えてください。合理的に考えれば、時間が短かろうが長かろうが、「鍵を開けてもらう」という受けるサービス自体は変わりません。それにもかかわらず、かかった時間であなたの評価は変わってしまう。これは実に非合理的です。これがデュレーション・ヒューリスティックです。

私がお世話になっているトロント大学のディリップ・ソマンらの実験でも、時間がかかったほうが、手際よく鍵を開けてくれたときよりも、もっと価値があると感じるという結果が出ています。効率から言うと、短い時間で開けてもらえたほうがよいので、非合理的な結果です。

デュレーション・ヒューリスティックは、みんな持っているもので、「なくそう」とするよりも「避ける、上手く付き合う」というのが賢明なやり方でしょう。自分がサービスを受ける側であれば「損をしたと思うのはデュレーション・ヒューリスティックのせいだ。もっと結果に注目しよう」と考えればいいでしょう。

逆に自分がサービスを提供する側に立ったときは、顧客にも「かかった期間が長いほど価値がある（逆に短いと価値がない）」と思ってしまう認知のクセがあると理解して、対応することも時には必要です。

例えば、私がコンサルティングを始めた頃の話です。大抵のプロジェクトは何百時間という膨大な時間と労力をかけるものですが、稀に「この案件ならすぐにソリューションの提案ができる」というものもありました。そういう際はすぐにクライアントにレポートを提出していました。この章で紹介したアップルのブランドのロゴの位置などのように、行動経済学の定番で考えれば迅速にクリアできるケースがいくつかあったためです。

ところが、あるクライアントから「短い時間で簡単にできるような提案だったら、もっと料金を下げてくれないか」というクレームが入りました。

クライアントの依頼からレポートの提出までは確かに短時間ですが、私が大学院や起業でかけた膨大な時間と労力の蓄積、また普段から常に新しい文献に目を通す努力をしている結果です。しかし、それは先ほどの解錠のプロフェッショナルのスキルと同様、一般の人にはなかなか理解されないことです。

こういったときには、すぐに解決法の提案だけするのではなく、きちんと時間をかけて、ソリューションの裏側にある理論などを資料を通して説明し、どのような経緯で結果にたどり着いたかと、丁寧に説明してから提案するといいでしょう。それにより、顧客に「こんなに一生懸命考えてくれたんだ」と理解してもらえます。

これは迅速さが求められるような場合にも適用されます。つい先日、顧客企業のCEOから突然電話連絡があり、「前に話した商品開発の件だけど、新しい問題が出てきて幹部で議論している。ぜひ今すぐ意見を聴かせてほしい」と言われたことがありました。このような場合、その場で答えを出さなければなりません。

仕事を始めて間もない頃は「お客さまは忙しいのだから、とにかく早く答えを出す」ということに集中しすぎ、とにかく「イエス」か「ノー」の答えから切り出していました。

しかし経験を積んだ今では、「以前お話を伺ってから、いろいろと考えていました。その結果……」と、結論に至るまでの思考の過程を説明し、「熟考に熟考を重ねて、行動経済学の理論に沿い意見を述べています」と、しっかりと伝えています。また、最初にひと言加えることで、突然の電話であっても自分の頭の中を整理する時間ができて、一石二鳥です。

これは顧客に対してだけでなく、社内の相手でも同じです。例えば、メールで部下から「接待に先方の課長まで招待するべきか悩んでいる」と相談があったとします。相手にとっては悩ましいことかもしれませんが、より経験のある自分にはすぐに解決策が浮かぶ――こういった際、1分でも早いほうがよいだろうと思って「イエス」か「ノー」ですぐに短く返信してしまいがちです。しかし、この対応だと、相手は「真剣に取り合ってくれてないのでは」と思ってしまう可能性があります。こういった際も、あえて時間をかけて、どうしてそういうアドバイスになったかの説明を加えて返信してみましょう。そうすることで、「ちゃんと考えてくれている」と、部下の満足度がアップするはずです。またその説明は、部下にも良い勉強となり、次の悩みにも生かせるでしょう。

第1章まとめ

- 「認知のクセ」を生む理論のうち、最も基本となるのが「システム1vsシステム2」。システム1は直感的で瞬間的な判断であることから「ファスト」、システム2は注意深く考えたり分析したりと時間をかける判断であることから「スロー」とも呼ばれる。
- 一概にシステム2がいい、システム1が悪いというものではないが、システム1で判断してしまうことにより、間違った意思決定につながってしまうことは往々にしてあるため、意識していくべきである。
- システム1はさらなる認知のクセを生み出す。代表的なものに、「埋没コスト」「機会コスト」「ホットハンド効果」などがある。
- 「五感」も認知のクセとなり、身体で受け取った情報を脳が受け取った際に、どんな「クセ」があるかを知ることが大事。代表的な理論に「概念メタファー」がある。
- 「時間」も認知のクセになる。例えば、相手が「今」のことを考えているのか、「将来」のことを考えているのかで、あなたが伝えるべき内容も変わってくる。代表的な理論に、「双曲割引モデル」「解釈レベル理論」「デュレーション・ヒューリスティック」などがある。

第 2 章

状況

置かれた「状況」が
人の意思決定に影響する

第2章では、人が「非合理な意思決定」をしてしまう3つの要因のうち「状況」に分類される理論を紹介していきます。

私たちは毎日、自分でも気づいていないほどに多くの意思決定をしています。

・何を食べるか
・何を着るか
・何を買うか
・誰と一緒に時間を過ごすか
・どんな仕事、キャリアを選ぶか

ケンブリッジ大学のバーバラ・サハキアン教授によると、人は一日に最大3万5000回もの意思決定をしているとのことです。

このように私たちの頭の中で日々、無数に行われる意思決定ですが、あなたは意思決定を「自分で主体的に行っている」と思っていませんか？

実はこの常識を覆す研究が次々と発表されています。例えば、この後第2章で詳しく紹介しますが、人は買い物をするとき、周りに人がいないと安いものを買い、周りに人が一人でもいると無意識に高いものを買う傾向があると発表されています。周りにいる人は決して知り合いなどではなく、全くの他人であるのにです。

これは「単純存在効果（Mere Presence Effect）」という理論によるものですが、この理論以外にも、実は人間は周りの「状況」に「意思決定させられている」ことを示す理論が多数あるのです。

そんな人の意思決定に影響を与える「状況」に関する行動経済学の理論を学んでいきましょう。

実際に第2章に入る前に、まずは第2章の全体像をつかみましょう。第2章は以下の5つの節に分かれています。

・1．人は状況に「決定させられている」

本書で言う状況とは、「自分の頭の外」のこと。天気の良し悪しや周りに人がいるか否か、物や人の位置や順番、あらゆることが「状況」として、私たちに非合理な意思決定をさせています。

第1節ではまず、意外なことが私たちの決断に影響を与えていることを示す研究や理論を紹介しながら、「我々は状況に決定させられている」という本章の大前提を理解しましょう。

・2．「多すぎる情報」が人の判断を狂わせる

私たちの判断に影響を与える「状況」には「情報」も含まれます。

特に今は情報が多すぎる時代で、溢れる情報が非合理な意思決定の大きな要因と指摘されています。

伝統的な経済学では「情報は多ければ多いほどいい」と考えますが、それは情報が希少だった時代の話。例えて言うなら「食べ物はたくさんあればあるほどいい」から「いいも

のを少しだけ」に価値観が移行したのと同じです。

現代はあまりに情報が多すぎることで、誤った判断を引き起こしてしまっています。多すぎる情報が経済や企業にどのように影響しているか、実例を交えつつ説明します。

・3.「多すぎる選択肢」でどれも選べなくなる

第2節の「情報」から派生して、「選択肢」が私たちの意思決定に与える影響も見ていきましょう。

「情報」と同じく、現代は「選択肢」があまりに多い時代です。伝統的な経済学の視点からでは「選択肢も多ければ多いほどいい（最もいいものを選べる）」と考えますが、実際に人々の間で起こっている現象はそうではありません。実際には、選択肢が多すぎて「どれも選べない」「なぜこんなものを選んでしまったのかわからない」という非合理的な現象が起こっているのです。

多すぎる選択肢の弊害と、どのような選択肢であれば消費者を動かせるかにも言及します。

・4.「何」を「どう」提示するかで人の判断が変わる

では世界の企業はどのように「状況」を利用して、ビジネスの結果につなげているのでしょうか。BGM、メニューの出し方、情報を出す順番。行動経済学の代表的な研究と実例を紹介しますので、自分の仕事に応用してみてください。
人間は状況によって意思決定させられているのですから、それを逆手に取って有効に使うのです。

・5.「いつ」を変えるだけで人の判断が変わる
第4節の「何」を「どう」提示するかに加えて、それを「いつ」提示するかでも、人を思う通りに動かすことができます。意思決定に影響を与える「タイミング」に関する研究や理論を紹介していきましょう。

では、本題に入る前に、「状況」にまつわるクイズに挑戦しましょう。

Quiz

・図表9の横線のうち、長いのは右と左のどちらでしょうか？
・図表10に書かれている文字はどう読めますか？

図表9

図表10

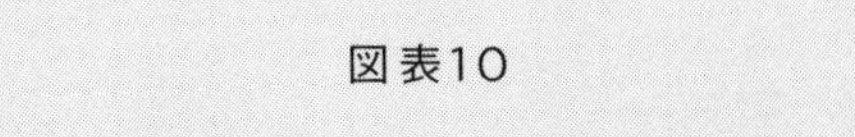

人は状況に「決定させられている」

人間の意思決定や行動は、置かれた状況・環境に影響を与えられている――2つのクイズはその縮図です。

図表9だと「右の横線のほうが長く見える」という人が多いのですが、実は同じ長さです。同じ長さの線にもかかわらず、左右についているナナメの線の具合によって、横線の長さが違って見えます。私自身も編集の際、定規を使って確かめたくらいです。

図表10の右の文字は「A、B、C」と読む人が多いと思いますが、左は「12、13、14」と読む人が多くなります。しかし、よく見てください。実際には両方とも中央の文字は同じです。同じなのに、周りに置かれている文字によって、右は「B」に、左は「13」に見えます。

このように人間は常に周りの「状況」に影響を受けており、それが意思決定や行動を変えてしまうこともあります。

「人間は常に自分で意思決定しているのではない。状況が意思決定をしていることが多々ある」

このように言うと、「自己選択は存在しないということですか？」と違和感を覚えるかもしれませんが、そういうこともあると多くの研究で証明されています。

――大学選びさえ天気で決まる⁉

「今日は本当にいい天気で気分がいい」

カラリと晴天ならハッピーな気分で、じっとりとした雨降りだとちょっと憂鬱になる人は多く、「気圧の変化が自律神経に影響を及ぼす」「日照時間によってホルモンの分泌量が変わる」など、さまざまな学問分野で研究されています。

天候も「頭の外にあること」で、行動経済学で注目するのは、それが人間の意思決定と行動にどう影響を与えるかです。

スペインのラモン・リュイ大学のユウリ・シモンソンの調査によって、「どの大学に行くか」という進路に関わる重大な決定も、実は天候の影響を大きく受けていることがわかりました。

日本の入試はペーパーテストの得点のみによる場合が多いですが、アメリカの入試は高校時代の学業成績、スポーツや音楽やボランティアといった課外活動、推薦状などを総合的に評価した上で決まることが多いです。

特にアメリカでは「学生が大学を選ぶ」という意識が強いため、オープンキャンパスがより重視されています。日本でも大学訪問は一般的になっていると聞きますが、アメリカの学生にとって、学生や教授に会い、寮やカフェテリアを含めてキャンパスを見て回ることは進路決定の大切な要素です。

大学選びで人生のすべてが決まるわけではありませんが、大事な節目であることは確かです。

しかし、この行動経済学の研究では、「人は最終的に、曇りの日にオープンキャンパスに行った大学を選んだ」という結果が出たのです。「晴れの日に行った大学」であれば、まだ納得できますが、「曇りの日に行った大学」という点が人間心理の非常に面白い点です。

これは人間が、自分の感情と天気を過剰に結びつけてしまうことが原因で起こります。例えば、「オレゴン大学（実際私がキャンパスを訪問した時には晴天だったのですが）はいまいちだったな」と思うと、「それは天気が悪かったからに違いない。実際はもっといい大学のはずだ」と逆にその大学を過大評価してしまうのです。

また、人は曇りの場合、キャンパスの綺麗さなどの外形的な要素ではなく、優れたカリキュラムなどに代表される実質的な要素を過大評価するという結果も報告されています。やはり、「状況」によって人の判断は変わってしまうということが見て取れます。

大学選びというこんな重要なことでも、このような結果が出るのです。いかに人が「状況」に決定させられているかがわかっていただけるでしょう。

――「系列位置効果」――55％の人が一番最初のワインを選んだ理由

大学選びと同様に、大学卒業後の就職も人生の節目となりますが、そこでも人間が状況に意思決定「させられている」ことがわかります。

競争率が高い求人に対し、10人の学生が集められて順番に面接を受けるとします。もしもあなたが面接を受ける学生だとして選択権があるのなら、あなたは何番目がいいでしょう？

「無難に4番目くらい」と答えたならチャンスを逃す確率が高く、これは新卒採用面接に限った話ではありません。競合他社がいる場合のプレゼンテーションでも俳優のオーディションでも、「一番最初の人」と「一番最後の人」が合格する可能性が高いということがわかっています。

この結果の理由を説明するには、実は一つの理論だけでなく、いくつかの理論をご説明する必要があります。

まずは項目タイトルにもある「系列位置効果（Serial Position Effect）」。系列位置効果とは、人がいくつかの情報を覚えようとするとき、情報の「順番」によって記憶の定着度合に差が出るという理論です。面接を受けるあなたにとっては面接は1回かもしれませんが、面接官からするとものすごい数の人を面接します。面接官の記憶に残っていなければ話になりませんし、「良い記憶」として残る必要があります。

そこで影響するのが、「初頭効果（Primacy Effect）」と「新近効果（Recency Effect）」という理論です。

「初頭効果」とは、初めに得た情報が印象に残り強い影響を与えるというもので、アメリカの心理学者ソロモン・アッシュが発表しました。

一方で、「新近効果」とは、最後の情報が意思決定に大きな影響を与えるというものです。ドイツの心理学者ヘルマン・エビングハウスが発表し、ソロモン・アッシュが広めたとされています。

人は「順番」によって記憶の定着度合が変わるというのが「系列位置効果」。そしてその記憶は、「初頭効果」と「新近効果」によって、最初と最後が頭に残りやすい。

これだけ聞いても「そう言えばそんな気がする」と軽く受け止めるだけかもしれませんが、「初頭効果」と「新近効果」という行動経済学の背景を理解することにより、重要な局面で状況に操られている可能性を踏まえておいたほうがいいでしょう。

逆にあなたが新卒学生を採用する人事担当者だとします。第一印象や話の内容、エントリーシートを見て「よし、この学生を採用しよう」と確かに自分の意思で選んだつもりでも、1番目の学生と最後の学生に高い得点をつけている可能性があります。

自分の意思でなく状況が「この学生を採用する」と決めている可能性は常につきまとうので、最初と最後の人にチェックを入れる前に、状況に影響を受けすぎていないか、念を入れたほうがよいでしょう。

さらに、選考協議のタイミングによっては系列位置効果を行動経済学的に「利用する」こともできます。

社内の会議で、同僚5人が順番に企画のプレゼンをするとします。もしも順番が選べるなら、最初か最後がいいことはすでに学びました。

では、最初と最後のどちらかであれば、どちらがいいでしょう?

「会議後、幹部が集まってその日のうちに結論が出る」というなら、最後にプレゼンすべき——新近効果を選ぶといいでしょう。しかし、「幹部が各自検討して、来週までに結論が出る」というなら、最初にプレゼンし「初頭効果」を取りにいくのがいいです。なぜなら、時間を置くことで、新近効果は消えてしまうからです。


また、逆に「選ばれたくない場合」にも系列位置効果を利用できます。

例えば、あなたの会社で「在宅勤務のチームを作る。メンバーは面談で選ぶ」という案が出たとします。

もしもあなたが「在宅勤務チームには入りたくない」という場合は、なるべく印象に残らない順番を選んだほうがいいでしょう。一番最初と最後は避け、目立たない真ん中あたりの順番にそっと紛れ込むのが行動経済学的に理に適ったやり方です。

系列位置効果が、仕事に関連するものだけでなく、消費者の選択にどのような影響を与えるかという論文もあります。

ある実験で被験者は、「地元ワインに対する調査」の研究だと告げられ、地元産の3種類のワインをテイスティングします。しかし3種類と言いながら、実際にはすべて同じワインでした。

試飲後、被験者たちはそれぞれ「一番好きだったワインはどれですか？」と尋ねられました。すると約半数以上の55％の人が、「最初に飲んだワインが一番おいしい」と答えました。

これは顕著な「初頭効果」で、最初に飲んだものが半数以上の人に選ばれたということです。残る人たちは2番目と3番目のワインをほぼ同じ率（約25％弱ずつ）で選んでいました。この結果は、ワインの知識が少ない人の間だけではなく、ワインの知識が豊富な被験者にも表れたそうです。

状況には「周りに人がいること」も含まれます。他人がたまたま周りにいるだけで意思決定が変わったという実験もあります。

5ドルの電池と「単純存在効果」

この実験は、「被験者に5ドルを渡し、小売店で電池を一つ買ってきてもらう。お釣りは被験者のものになる」というルールで実施されました。つまり、電池が安ければ安いほど、お釣りが多く被験者のものになるということです。また、店の買い物客の中には実験の協力者がこっそり交じっていました。

すると面白いことがわかりました。電池コーナーの周りに他の客（協力者）がいないときには33％の被験者が一番高いメーカーの電池を購入し、他の客が1人いる場合は約10％増え42％もの被験者が一番高いメーカーの電池を購入しました。他の客が3人に増えると、なんと半数以上の63％が一番高いメーカーの電池を購入しました。

被験者にとって、電池コーナーの周りの客は知り合いでもなんでもないただの通りすがりであり、特にじっと見られたわけでも、何かを言われたわけでもありません。あたかも風景のようにその環境に他者がいるだけなのに、人間の行動が変わってしまいました。これは「単純存在効果（Mere Presence Effect）」と言い、人間は他者の存在に影響を受けるという研究です。

また、被験者は「他者の存在に影響を受けた」と自覚していません。

「周りに買い物客がいる・いない」という状況はその人の無意識に働きかけているので、仮に被験者に「なぜこの電池を買いましたか？」と質問しても、「メーカー品のほうが長持ちすると思ったから」といった答えしか返ってこないでしょう。

嘘でも見栄でもなく本当にそう思っているので、第1章で述べた「マーケティング・リサーチは難しい」という説を裏付ける実験となっています。

20ドルのスタバのギフトカードも、時には「過剰正当化効果」になる

「やりたいことを仕事にしたはずなのに、やる気が上がらない」

本来、やりたいことをやっているのだから、やる気が上がるはず。しかし、趣味を仕事にした途端、やる気が落ちてしまう。そんな不思議な現象が起こるのも人間の非合理な点です。

実は人のやる気というものも、どんな「状況」が用意されるかで変わってきます。その代表例が、「過剰正当化効果（Overjustification Effect）」です。

過剰正当化効果とは、もともと内発的動機で取り組んでいたところに、金銭的報酬などの外発的動機が用意されると、モチベーションが下がってしまうという理論です。

例えばある会社に、趣味の動画編集技術を生かして同僚を手伝うAさんがいるとします。好きで楽しいし、何より役に立てるのがうれしかったAさんは残業代も出ないのにボランティアをしています。しかし、それを知った上司が「特別手当を払う」と言いました。

最初は「ラッキー」と思い喜んだAさん。しかし、それが数カ月続くと、段々と動画編集の仕事が嫌になってきました。

「楽しい、やりたい、役に立ちたい」というのは心の内側から湧き上がってきた内発的動機づけで純粋なものです。

一方「特別手当」というのは、外から与えられる外発的動機づけで、「好きでやっていること」が、「手当のためにやらされている仕事」に変わってしまうのです。ボランティアなら時間があるときだけ手伝えばよかったのに、「手当を払うからやってくれ」と言われたら、義務にもプレッシャーにもなります。

個人的な話になりますが、私は社会に出たばかりの頃に初めての業界団体の会合で発表に臨むとき、準備に莫大な時間と労力を費やしました。学問の世界にずっといた自分が一般企業の人に話を聞いてもらえる貴重な機会だと受け止め、無償でもベストを尽くそうと熱意に溢れていたのです。

ところが発表後、主催者の方に、「素晴らしい発表だったのでお礼です」と封筒を渡され、そこには20ドル分のスターバックスのギフトカードが入っていました。「あなたの発表の価値は20ドルだ」と言われたようで、とてもがっかりしたことを今でも覚えています。

内発的動機で努力している人のやる気を妨げないためには、言葉や態度で報酬を出すこと。「ありがとう、こういう点が素晴らしかった」と丁寧に言葉で伝えたり、「動画編集を手伝ってくれて本当に助かるよ」とコーヒーを差し入れてお礼を言うなどです。

この場合のコーヒーは「報酬」でなく、「ありがとうを伝えるもてなしの行為」「態度で示す感謝」となります。

先ほどの業界団体での発表の後日談ですが、実はアンケートで私の講演が一番高い評価を得ていたそうです。この結果自体が、私にとってはギフトカードとは比べ物にならないレベルの「報酬」なのですが、翌年の会合まで私に伝えられることはありませんでした。行動経済学の「効果」を個人的にしみじみと実感したエピソードです。

「多すぎる情報」が人の判断を狂わせる

前節で「人がいかに状況に意思決定させられているか」、ご理解いただけたと思います。次にこの節では「状況」の中でも、「情報」にフォーカスを当てたいと思います。

特に現代は情報過多の時代。多すぎる情報のせいで、人は数々の非合理な意思決定をさせられているのです。今の情報社会だからこそ、学ぶべきことがたくさんあります。

――マイクロソフトが示した〝平均24分〟の衝撃

さて、集中力を高めて限られた時間を有効に使いたい、的確な意思決定をしたいというのはビジネスエリートの共通する願いです。

「注意力を妨げる要素はできる限り排除したい」と願いながら、現実には集中できない状況に身を置いている――。「多すぎる情報のせいで、人が非合理な行動をしてしまう」ことを、行動経済学では「情報オーバーロード（Information Overload）」といいます。

では実際、「情報オーバーロード」によって、人はどれだけ非合理な行動をしているのでしょうか。まずは、その現状を見ていきたいと思います。

例えば、人は一日に何通のメールを受信しているのか。

最近の調査によれば、ITエンジニア、弁護士、コンサルタント、金融アナリストなど、専門知識を基に知的労働をする「ナレッジワーカー」は、少なくとも一日に50回、多い人だと100回もメールをチェックしているという結果が出ています。

なるべくチェックの回数は減らしたほうが集中が途切れなくていいでしょうし、生産性も上がるでしょう。そのことを頭ではわかっているのに、多くの人が何回も何回もメールボックスを開いてしまうのです。まさに「情報オーバーロード」。しかも、メールの85％は2分以内に開封されているというのです。

また、アメリカの通信会社AOLによる4000人を対象にした調査では、60％もの人がトイレの中でもメールを見ているということがわかっており、さらに別の調査では「休暇にもパソコンを持っていく」と答えた人はコンピュータユーザーの85％にのぼるという結果も出ており、人がいかに多すぎる情報に「踊らされているか」がわかります。

実際、メールのチェックによって、生産性が下がることがマイクロソフトの研究で示されています。

マイクロソフトの研究者による、同社の社員を対象とした調査では、受信メールによって仕事を中断すると、元の仕事に戻るまでに平均24分かかることが判明。他の似た調査によると会社の幹部の約80％は、「情報が多すぎて意思決定に支障をきたしている」と答えています。仕事の中断は就業時間の28％にのぼり、その大きな原因がメールという多すぎる情報なのです。

しかし、大量のメールのすべてが、仕事の手を止めてまですぐに開封しなければならないものでしょうか？　実際、インテルが従業員２３００人を対象に調査をしたところ、「受信メールの3分の1が不要なメール」という皮肉な結果が出ています。

こういった「情報オーバーロード」の弊害がわかっても、なおも多くの人が「仕事を上手く進めるためには膨大な量の情報が必要だ」と思い込んでしまっています。そのことを理解した上で、自分の意思決定に本当に有用な情報を見分け、それに良いタイミングで時間をかける努力も必要でしょう。

情報は多すぎてはいけないのが行動経済学

「情報オーバーロード」は、マクロ経済にも大きな影響を与えています。

ＩＴ系コンサルティング会社Ｂａｓｅｘの調査によると、情報オーバーロードにさらされた従業員の生産性が低下することで、アメリカ経済全体で年間最低９０００億ドルの余分なコストがかかっていると推定されています。

繰り返しになりますが、「情報が多ければ多いほどいい」というのは、伝統的な経済学の考え方です。「人間は正しく合理的な意思決定を基に行動できる」というのが伝統的な経済学の基本なので、たくさんの情報の中からベストを選べば最良のものが手に入る、というわけです。

しかし、行動経済学ではすでに見てきたように人間は非合理な意思決定をすることがわかっています。意思も働かないうちにシステム１で判断して行動するのが人間ですから、大量の情報にさらされて集中力を失い、メンタルと体の健康が蝕まれてはベストの選択ができるはずがありません。

「多すぎる情報は、人を疲れさせ、意思決定を妨げる」のです。

あなたがもし部下を持つ管理職であれば、部下のためにも「情報オーバーロード」を意識したほうがいいでしょう。

「指示やフィードバックは簡潔に」とよく言われますが、行動経済学的に言えば「情報オーバーロードを回避せよ」ということ。さもなくば部下は「理解できない」「要点が覚えられない」「どこから始めていいかわからない」となってしまいます。情報が多すぎると理解する気力がなくなり、「わかろう」という努力もしづらくなるので、決断につながらなくなります。

営業の例ですと、最近は各社の商品のサービスの幅も増え、売る商品の知識がオーバーロードになります。今までの商品の情報ももちろんですが、新商品の情報、それぞれの利点と不利な点も覚えないといけないためです。また、担当顧客や、それ以外のステークホルダーに関する情報や、購買歴も処理しなければいけませんし、もちろん競争相手の商品も覚えなければいけません。

また、金融や製薬の会社だと、最近はコンプライアンスが厳しいので、いろいろと細かい注意事項も覚えなければいけません。

このような情報オーバーロードを防ぐには、部下の人に、一気にいろいろな商品を覚えさせるのではなく、できるだけ、少数の商品から始める。または、優先順位をつけてあげる。また、すべての知識を一度に教えるのではなく、まずは、単純な商品の説明をできるようにトレーニングをして販売させ、それが身に付いたら、次の商品の知識を入れるというような段階を作るといいでしょう。

また、本書の執筆中に、「ビジネスに役立つ」、「リサーチの時間をかなり短縮できる」と最新ＡＩのチャットＧＰＴが話題となっています。このようなＡＩは、大量のデータを学習して、自然な文体で要約してくれるので、認知的流暢性も高く、情報オーバーロードも防げるということが大きな要因の一つでしょう。

また、情報オーバーロードは仕事のパフォーマンスや満足度を下げてしまうだけでなく、心理的・身体的な「病気」につながるという研究もあります。

香港大学のアリ・ファーフーマンドらが１３００人の管理職を対象に調査したところ、25％が情報オーバーロードの影響を受けており、頭痛やうつ病などストレス性のトラブルや病気を抱えているというのです。

それなのに、なぜメールを見てしまうのか？　なぜスマホから手を離せないのか？

この理由はダン・ハーマンが提唱したFOMO（Fear of Missing Out）にあります。面白い情報を逃してしまうかもしれない、自分だけが取り残されるのが怖いという感情から、常に情報をチェックしてしまうのです。

読者を「情報オーバーロード」にさせない、とある出版社の工夫

逆に多すぎる情報を、他人に受け入れてもらいやすくする方法もあります。

実は皆さんがいま読んでいるこの本にその仕掛けを設けています。

書籍はまさに「情報オーバーロード」になり得る代表です。ページ数にもよりますが、一冊の本につき、大体10万字もの情報が盛り込まれていると言います。何も工夫をしないでいると、見てもらいたい部分を見てもらえなくなります。

この本では、ほぼすべての研究情報を190本ほどのオリジナルの研究論文から引用し、他の本からの引用は最小限にして、エビデンスに基づいた教養本にしていますが、ただこの本の章を読んでいるだけでは、なかなか読者の皆さんにはそのことは伝わりづらいでし

ょう。ですから、本書の巻末の「参考文献」に論文の情報を載せつつ、そこに敢えて他のページとは違う「グレー」の色を敷いています。

「情報オーバーロードで見過ごされてしまう」を減少させる一つの方法は「違いを作る」という方法です。人は「比較」によってものを認知しますから、他の大部分が「白色」なのに対して、「グレー」のページをあえて作ることで、「あ、何か違うな」と、相手に注目してもらうことができます。ちなみに、本書は「参考文献」以外にも「グレー」を敷いている箇所がいくつかありますが、そういった箇所は「その章の概要」など、重要な部分となっています。

「多すぎる選択肢」でどれも選べなくなる

――4000のトイレットペーパーと「選択オーバーバーロード」

「情報」から派生して、「選択肢」についても考えておきたいところです。特にビジネスパーソンの皆さんでしたら、人に選択肢を示す場面は頻繁にあるでしょう。

わかりやすい例ですと、あなたの企業の商品やサービスを買う顧客に、どれくらい商品やサービスの選択肢を示すべきでしょうか。また上司に案件を出すとき、どれだけの案をどういう風に出すべきでしょうか。

「情報オーバーロード」と似ていますが、行動経済学では「選択オーバーロード（Choice Overload）」という理論もあります。選択肢が多すぎることで、相手は選べなくなってしまうのです。

「意思決定の妨げとなり、行動できない」という情報オーバーロードの問題は、選択オーバーロード（多すぎる選択肢）につながります。

2022年のアメリカでの「選択オーバーロード」の調査によると、対象者の28％が「買い物をする際、選択肢があまりにも多すぎる」という回答でした。特に日用品は、48％のアメリカ人が「選択肢がありすぎて選べない」と述べています。

例えば、アメリカのアマゾンで「トイレットペーパー」と検索すると4000件以上ヒットします。必需品ですし、「1枚のシングルロール」か「2枚重ねのダブルロール」もしくは「柔らかさ」など好みはあると思いますが、確かなことはたった一つ。絶対に4000もの選択肢はいらないということです。

伝統的な経済学では、「人間は4000のトイレットペーパーを比較検討し、価格、品質、レビューもすべて見て一番いいものを選択する」ということを前提に考えます。実に合理的です。

しかし、実際にはどうでしょうか。行動経済学は「実際の人間の行動」を説明するための学問です。多少の比較検討はするかもしれませんが、実際、人は感覚で適当に選びます。

例えば「値段が安いものがいい」と、セール品をクリックする――たとえセールでも値引き前の元の値段が高ければ他にもっと安いものは探せばあるかもしれないのに、そこまでは考えずに選択します。システム1でぱっと意思決定しているのです。

アメリカに行ったことがある人でしたらわかるかもしれませんが、アメリカの大型スーパーに行くと膨大な種類の飲料が陳列されています。炭酸飲料・スポーツドリンクから始まり、コーヒーやエナジードリンクなどが並び、最近流行りの紅茶キノコを含む健康飲料を100種類以上揃えるスーパーまであります。

スーパーの側はよかれと思って、これだけ用意しているのでしょうが、消費者は実際、戸惑っているのです。一つ一つの商品を比較検討し、自分にベストな商品を選択するには、膨大な時間と労力がかかるでしょう。中には比較検討するまでもなく、買うことそのものをやめてしまう人も多くいます。

最近は日本でもネットでの情報収集が増えてきたと思いますが、先日、日本のレシピアプリで鍋料理のレシピを検索したところ、5万件以上のヒットがでました。「#簡単」と入れても1000件以上の検索結果が出てきました。「忙しいから具材を切るだけの鍋にしよう」と、時間をセーブしたいときに一つ一つの選択肢を見ていくのは理に適わないでしょう。

そもそもなぜ100種類もの飲料を売るのでしょうか？　100種類もの飲料が同じように売れているはずもありません。

それなのになぜ、小売店やサイトはたくさんの商品を並べるのか？

理由は明確で、選択肢が少なすぎると人は興味を持たないからです。前述のレシピのアプリも、「382万品を超えるレシピが検索できる」というのが売りになっています。「選択肢は多いほうがよい」という思い込みを利用して、何種類も似たような商品を積み上げることにより、それを魅力的に思いお店にやってくる顧客を増やす。その代わりに選択オーバーロードを生み出し、結果、消費者はどれも選ばない、という皮肉的な状況になっているのです。

アマゾンとTikTokが仕掛ける「選択アーキテクチャー」とは？

このことからわかる通り、人間は多くの選択肢があることを好みますが、多すぎると決められません。実に矛盾しているようですが、これが非合理である人間のあるがままの姿です。

先ほど述べたように、選択肢が多すぎたり、よくわからない商品を選択したりする際には「選択麻痺（Choice Paralysis）」になってしまいます。選択を後回しにしたり、または「選ばない」ことにつながることが多く、「選びたいのに選べない」という結果になってしまうのです。

どのように選択肢を提示したら、相手に選んでもらえるのか。そこで「選択アーキテクチャー（Choice Architecture）」という考えが生まれました。「アーキテクチャー」とは「設計」の意味。選択アーキテクチャーとは、選択肢をどのように設計したらいいか、最適な方法を探る概念です。

世界の企業は実際にさまざまな選択アーキテクチャーを駆使しています。

アマゾンはユーザーのデータを蓄積し、アルゴリズムを使って「おすすめ商品」を出しています。「価格順、新しい順、人気順」などのフィルターを採用し、消費者が選びやすくしているのも「選択アーキテクチャー」です。

他にも、ＴｉｋＴｏｋは「最初から選択されている」という方法を採用しています。実際にTikTokを使うと、アプリを開いた瞬間に、何も選ばなくてもすぐに動画が流れてきます。あれだけ莫大な量の動画があっては、自分ではどの動画を見ればいいかわからず、ユーザーは選べなくなってしまいます。そこで、最初からそのユーザーが興味のありそうな動画を自動で流してしまうのです。そうすることで、ユーザーは選ぶ必要がなくなります。

さらに、自動で動画を流すことで、「現状維持効果」も働き、その結果、ユーザーは時間を溶かすようにTikTokを見続けるというわけです。これがTikTok流の選択アーキテクチャーです。

また、ネットフリックスも同様です。アプリを開くと、必ずおすすめのドラマのワンシーンが自動で流れてきます。やはりユーザーが選択オーバーロードに陥らないようにするための工夫です。

また他の動画アプリ同様、ネットフリックスは過去に視聴したデータを基に「このユーザーはこんな属性でこういうものを好む」と判断して選択アーキテクチャーを作っています。

――2カ月後にも〝あのワインは最高だった〟と言わせる方法

その他にも効果的な「選択アーキテクチャー」の例を紹介しましょう。

特定の情報を明確にしてあげることで、消費者を選択オーバーロードにさせない工夫もあります。

ポスドク時代にお世話になったコロラド大学ボルダー校のビジネススクールの教授リンチらによる、ワインを使った実験があります。ワインの販売サイトで、無数にあるワインの中から、消費者が選びやすくなるためにはどうすればいいのかを調べたのです。

その実験によると、出産地や「甘味・酸味・渋み」などの品質情報をわかりやすくすると、購入する人が増えることがわかりました。また、品質情報がわかると、消費者は価格に対しても寛容になり、迷わず選べるようになったというのです。

さらにこの実験では2カ月後に追跡調査も実施されています。品質情報がわかった上で購入した人たちは、この追跡調査でも「あのときのワインは良いワインだった」と、2カ月前の買い物のことを満足だと答えた人が多数を占めたのです。

図表11 ディシジョンツリーの例

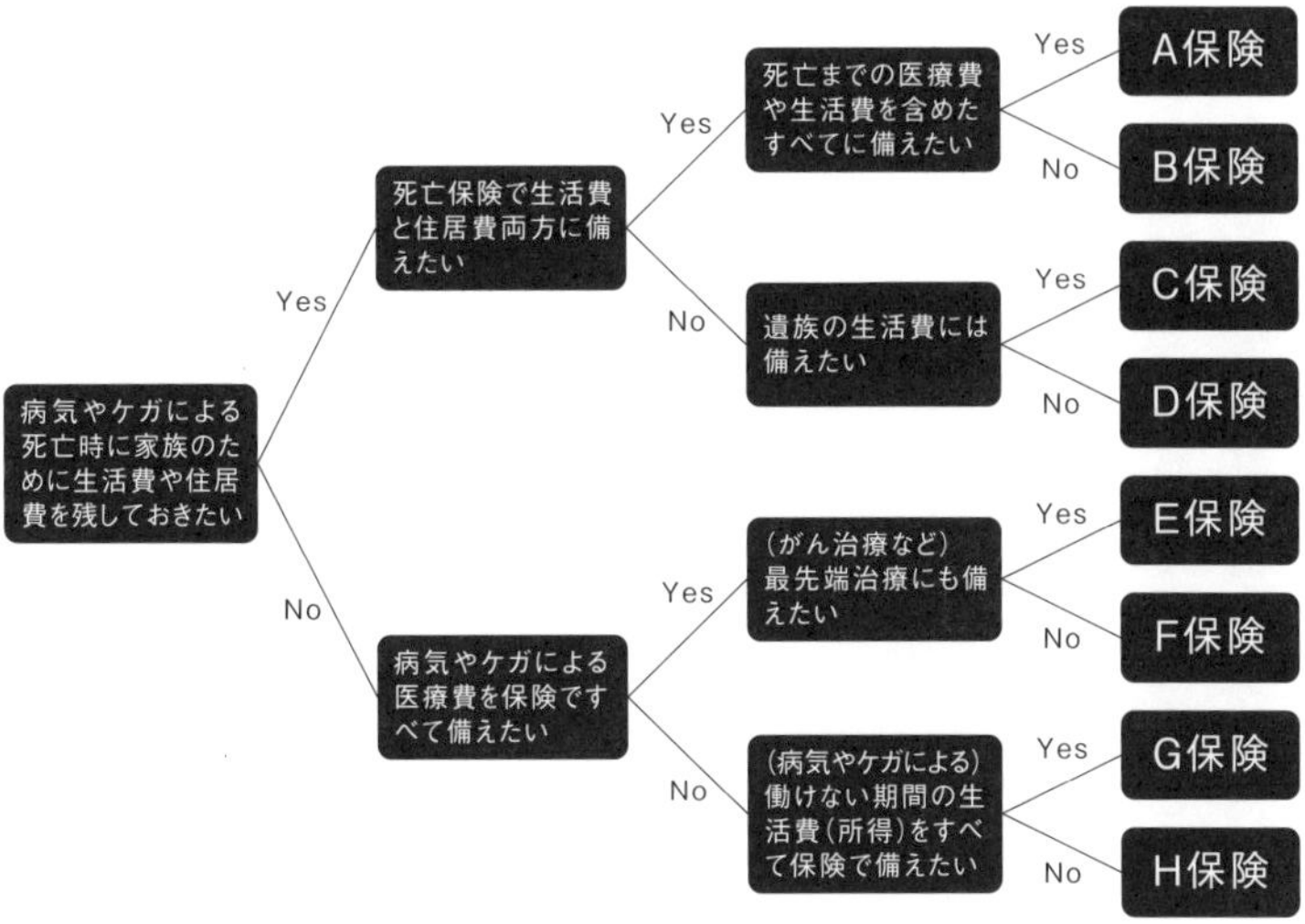

特にワインのように、普段人が選ぶのを迷ってしまうような商品の場合は、きちんと「品質情報」を明確に記載し、ネットでの販売であれば、消費者が検索しやすいようにしてあげるといいでしょう。

前述のレシピアプリは、ユーザーが月400円を支払うことで、人気のレシピを順番に見ていけるようにと時間も労力もセーブできる「選択アーキテクチャー」を提供しています。

また、選択プロセスの「ディシジョンツリー」を使うことで、選択オーバーロードにさせない工夫もあります（図表11）。

日本には全国民のための共通の健康保険制度がありますが、アメリカでは州ごとに保険のプランが異なり、一番多い州だとなんと40以上のプランから選択しなければならないこともあるのです。まさに選択オーバーロードに陥ってしまう代表例とも言えます。こういうときには数十ものプランを一度に表示するよりも、図表11のような選択プロセスの「ディシジョンツリー」のほうがいいでしょう。イエス・ノーを答えていくだけで、よりふさわしい保険プランにたどり着けるようにしてあげるのです。

今後はＡＩの発達などで、「ディシジョンツリー」の活用が進むでしょう。

――選択肢は10個がベスト

それでは、行動経済学の観点からは、選択肢はいくつくらい提示するのがいいのでしょうか。

私のデューク大学時代の友人でもあるトロント大学の准教授アヴニ・シャーは、どのくらいの数の選択肢を見せたら、どのくらいの人が商品を購入するか調査しました。

この実験では、被験者である学生に「もし、この中にほしいペンがあったら、１本購入してください。なければ購入しなくてもいいです」と伝え、ある人は「２本から１本を選

図表12

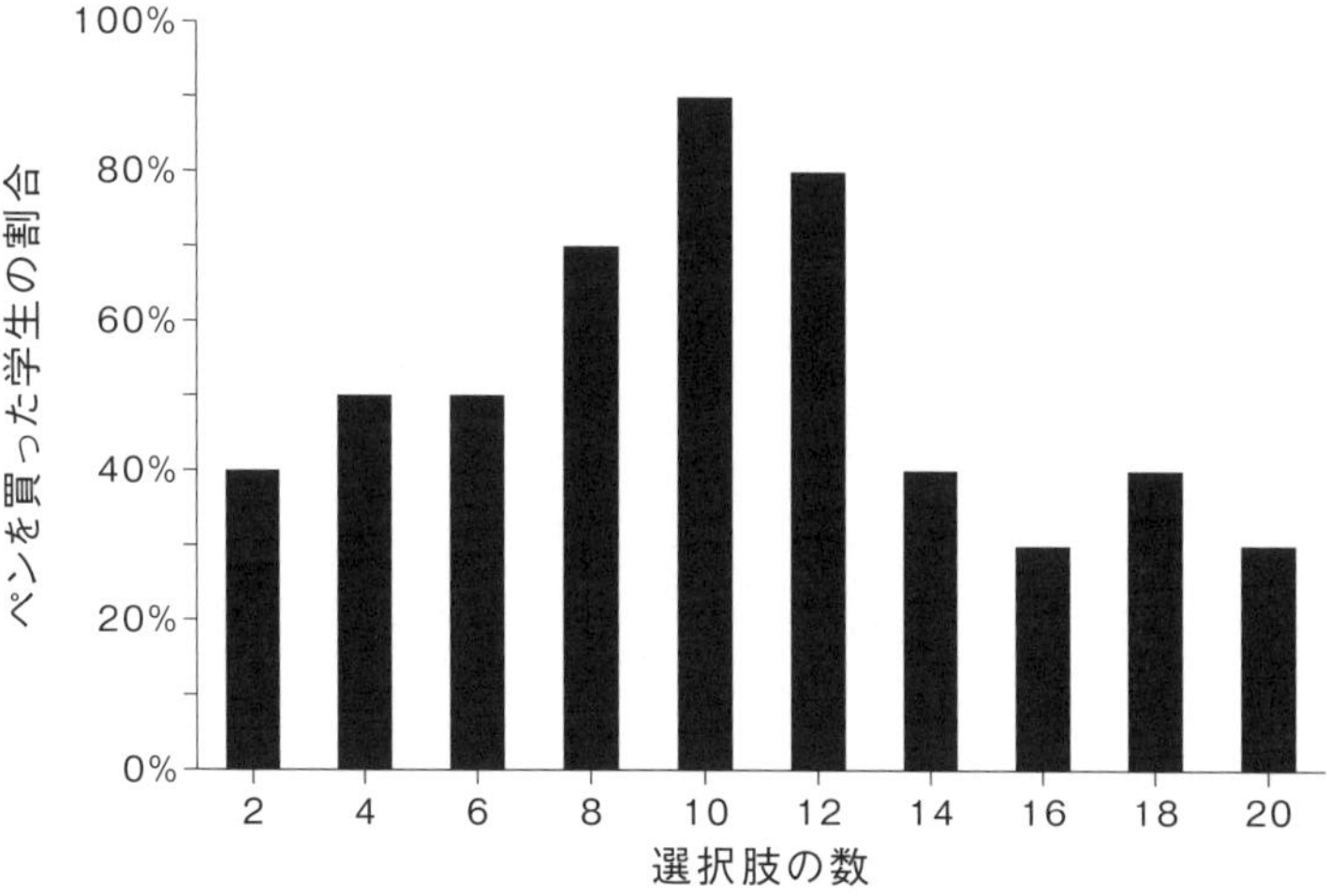

出典：Shah, A. M., & Wolford, G. (2007). Buying behavior as a function of parametric variation of number of choices. PSYCHOLOGICAL SCIENCE-CAMBRIDGE-, 18(5), 369-370.

ぶ」、ある人は「20本から1本を選ぶ」というように選択肢の数を変えます。

結果は図表12の通りです。2本から選ぶ場合、ペンを購入した学生の割合は40%。4本の中から1本、6本の中から1本と選択肢が増えるほど、購入率も上がり、10本だと約90%で購入率は最も高くなります。

しかし、選択肢が11本以上になると購入率は下がります。選択肢が20本まで上がった際は、選択肢が2本しかなかった場合より、購入率は減っています。

もちろん、商品の種類やネットか店頭かなどの購買環境、また顧客層によって、適切な選択肢の数は変わります。自分の商品はどれぐらいがベストか意識的に考慮してみるといいでしょう。

「ナッジ理論」――それでも、〝本日のビール〟は効果的だった！

選択肢が多いほうが人は集まりやすい。しかし、多すぎると今度は選択オーバーロードになり、どれも選べなくなってしまいます。

ですから、もしあなたがこのことをビジネスで生かそうと思ったら、「マーケティング」の段階と「店頭」での段階とで、選択肢の出し方を変えるべきです。

例えばあなたがバーを経営していて、そのバーの売りが「クラフトビールの種類の豊富さ（100種類のビールがある）」だとしましょう。

こういった場合、この売り自体は生かすべきです。販促など、集客をする段階では存分に「クラフトビールが100種類あります」と謳いましょう。人が集まりやすくなります。

しかし、いざお客さんが来る店内で「クラフトビールが100種類あります」だけだと、選択オーバーロードに陥らせてしまいます。

対策としては、ビールの種類や味、アルコール度によって種類分けし、見やすく整理するのもいいのですが、ナッジ理論も有効です。例えば、「本日のビール」「人気ビール」などのおすすめを作るという方法です。

また、顧客の気分によって意思決定できるよう、「気分爽快になりたい方は、このビールをどうぞ」とおすすめするのも良いでしょう。「これがおすすめですよ」と〝軽くつつく〟ことで、顧客は100種類のビールをいちいち吟味せずにデフォルト（おすすめのビール）を選択し、「いいものを選んだ」と満足します。特にバーなどでは、友人と話をしながらメニューを見たりしているのでシステム2が働きにくいはずです。システム1でも楽に決められるナッジは、消費者にとってもありがたいものになります。

このように、私たちが生きているのは選択オーバーロードの世界であり、どのような整理・提示であっても、そこには必ず企業側が仕掛けた選択アーキテクチャーが隠れています。

――ジョブズに学ぶ〝テキトーな選択〟の極意

さて、ここまで「相手が」選択しやすくなるための工夫をお伝えしてきました。この節の最後に、「あなたが」選択しやすくなることの重要性をお伝えしておきましょう。

あなたもビジネスシーンで日々、無数の選択に迫られていることでしょう。これまでもお伝えしてきたように、伝統的な経済学的にはすべての選択肢を検討し、熟考した上で決定したほうがいいですが、今の社会では現実的に無理ですし、ビジネスとして時間をかけすぎたり、「結果、どれも選べない」となったりするのは避けなければなりません。

では、どうやって選択オーバーロードから抜け出せばいいのでしょうか。

「そもそも選ばないようにする」というのは一つの方法です。

スティーブ・ジョブズが黒いタートルネックだけを着ていたのは有名ですが、オバマ元大統領も「3着しかスーツを持っていない」と述べています。マーク・ザッカーバーグが服装をパターン化しているのも同じことで、「そもそも選ばない」という方法を取っているのです。

どうでもいいことは選択せずに済む仕組みを作れば、その他の重要なことで選択オーバーロードに陥る可能性を減らせるのです。服装選びに時間をかけないことで脳に余裕ができき、もっと大切なことに時間をかけてシステム2で吟味できます。

また、現実を捉え直してみるのも一つの手です。

というのも、そもそも、そんなに重要な選択はたくさんあるものでしょうか。また、仮に重要だとしても、AにするかBにするかで、そんなに結果は変わりそうでしょうか。

私たちは日々、無数の選択をしていますが、すべてが重要課題であるはずもなく、「どちらを選んでも結果はそれほど変わらない」という意思決定は実はたくさんあります。そんな選択にいちいち時間をかけていたら、機会損失となるでしょうし、アテンションエコノミーの時代には注意力を消耗することにもなります。

そこで提案したいのが、「そもそも、その選択に時間をかけるべきか」ということを気に留めることです。おそらく多くを占める「どうでもいいこと」はテキトーに決めましょう。

例えば、「年末年始の挨拶は直属の上司の課長に一番にすべきか、それともフロアで一番偉い部長にすべきか」と日本特有の悩みを持つ人がいますが、相手は挨拶の順番まで意識していません。出張の際、航空会社やホテルをどこにするか悩む人もいますが、出張の際はホテルにいる時間もたかが知れているでしょうから、どこを選んでも大差はないでしょう。私個人は、「絶対時間をかけたほうがいい」のでなければ時間をかけないことをデフォルトにして、その決定自体も決めやすくしています。リソースが限られているビジネスの世界では、「どうでもいいことはテキトーに」という戦略のほうが、実は効率的なのです。

また、自分がどちらでもよいだろうと考えていることや、「これは好みの問題かな」と思うときは部下に委ねるようにしています。クリティカルな意思決定を多くしなければいけない私自身が選択オーバーロードになるのを防ぎ、その分の時間をもっと経営戦略や、大事なクライアントとの面談に費やせます。

さらに、部下には「あなたを信じているから、あなたが決めてください」と権限を与えることによって、「信頼している」というメッセージが伝わります。また部下にも良い経験になるでしょう。もちろん上司として責任は自分で取り、反対に上手くいったら部下を褒めてあげましょう。

「何」を「どう」提示するかで人の判断が変わる

──ナオミ・マンデルの調査と「プライミング効果」

さて、本章では第1節で「我々は決定させられている」という大前提を理解し、第2節、第3節で情報オーバーロード、選択オーバーロードという、今の時代に特有の「状況」がどのように意思決定や行動に影響を及ぼしているかを見てきました。

しかし、状況とは「頭の外のこと」ですから他にも無数にあります。小売店で流れている音楽、その日の天気や時間帯、たまたま目にした数値。

人間が考えて自己選択する前に、状況が「これにしなさい」と命じているとしたら？

この第4節では、情報や選択以外にもたくさんある「状況」の理論を紹介していきます。

一見、なんでもなく見える状況によって脳が影響される例としてよく挙げられるのが「プライミング効果（Priming Effect）」です。プライミング効果とは、提示されたプライマー（刺激）によって、人の行動が変容することを言います。

プライミング効果が非常に興味深いのは、色、音楽、位置、匂いといった刺激が無意識のうちに人の意思決定に影響を与えているという点です。

アリゾナ州立大学のナオミ・マンデルの調査では、自動車販売のＥＣウェブサイトを2種類作り、それぞれのサイトで「安全性重視のモデル」と「価格重視のモデル」の両方のモデルを販売しました。２つのサイトは、商品の背景の色が違うだけで、後は全く同じです。結果、どうなったでしょうか。

背景が緑のサイトでは、「価格重視のモデル」を選んだ人が66％、「安全性重視のモデル」を選んだ人が34％という結果になりました。日本だとピンとこないかもしれませんが、アメリカでは緑は「お金」を印象づけます。なぜなら、１ドル紙幣の色は緑だからです。ですから、「価格重視のモデル」を選ぶ人がより多かったわけです。

一方、背景が赤のサイトでは、「安全性重視のモデル」を選ぶ人が50％にまで増えました。赤色から「炎・爆発・危険→事故」というイメージが高まり、無意識のうちに「安全性重視のモデル」を選ぶ人が増えたのです。

たかが背景の色で意思決定に影響が及ぶ──。しかも無意識にですから、行動経済学を取り入れようという企業が激増していることもうなずけます。

──フランス風のＢＧＭで、83％がフランスワインを買う

もう一つ「プライミング効果」の研究を挙げておきます。

あるワインショップで２週間、週ごとに店内で流す音楽を変え、売れるワインの傾向を調べました。店内にはフランスワインとドイツワインを置きます。同じ価格帯、同じ甘さや渋味のものにし、音楽以外に違いが出ないようにしました。また、目立つ場所のワインが売れやすいのは当然ですので、週によってそれぞれのワインの置く場所を変えることで、不公平が生じないようにしました。

その結果、フランスを連想させるＢＧＭを流した日は、お客さんの83％がフランスワイ

ンを購入。逆にドイツを連想させるBGMを流した日には、お客さんの65%がドイツワインを買い、フランスワインを買った人は35%にまで減りました。

この実験で面白いのは、購入後のお客さんに「実は調査をしていました」と明かし、アンケート調査をしたことです。アンケートでは、以下のようなことを聞きました。

「実はフランスを連想させる曲を流していました。あなたも、それに釣られてフランスワインを買いましたか？」

しかし、実際にそのことを自覚していた人は、わずか15%ほどでした。残る85%の人は全く音楽に気づかずに、フランスワインを選んでいたのです。

この実験の他にも、店内でクラシック音楽を流すと、より高額なワインが買われる傾向になるという研究もあります。

いずれの実験でも、お客さんは「自分で主体的に選んだ」と思っています。しかし、ここまで数字に表れると、いかに我々が状況に「決定させられている」かがわかります。

このようなプライミング効果は、従業員の業績にも生かせます。その例として、CEO

が社内メールをする際、達成感を思わせる12の言葉を入れるようにしたところ、社員のパフォーマンスが15％、効率が35％向上したという研究もあります。

その12の言葉は直訳すると「勝利、達成、競い合う、努力、繁栄、勝ち誇る、達成する、マスターした、勝つ、成功、利益、成しとげる」。

英語を直訳したので違和感があるかもしれませんが、強く前向きな言葉をメールに入れるという、すぐにできる戦略です。自分でも良いプライミング効果の出そうなポジティブワードを探し、日常的に使うことを試してみる価値はあります。

選ぶなら〝赤身75％〟と〝脂質25％〟どっち？

「プライミング効果」と併せて理解しておきたいのが「フレーミング効果（Framing Effect）」です。同一の内容であっても何を強調するかによって受け手の意思決定が変わるという理論で、1981年にカーネマンとトベルスキーがサイエンス誌で発表しました。名前の通り、「フレーム（枠組み）」で情報のどの部分が強調されるかによって捉え方が異なることを指します。

「フレーミング」にはいろいろあります。よく知られた属性フレーミングの例が「牛ひき肉」の例。買い物に行ったとき、あなたならどちらを選ぶでしょうか?

・A.「赤身75%」と表示された肉
・B.「脂質25%」と表示された肉

実験ではAとBの2つを被験者に見せ、以下の4つのポイントから評価してもらいました。「1.おいしそう/まずそう」「2.脂っこそう/脂っこくなさそう」「3.品質が高そう/低そう」「4.脂肪が多そう/少なそう」。

Aのパッケージを見た被験者は、「おいしそうだ。脂っこくないだろうし、赤身が多くて、品質が良さそう。脂肪も少ないだろう」と評価しました。もちろんBより高評価です。しかし、よく考えると2つは表現が違うだけで、内容は同じです。

さらにこの実験では、以下の3パターンで、属性フレーミングの効果がどう変わるかが、検証されました。

・パターン1:パッケージを見ただけで、試食しない場合
・パターン2:パッケージを見てから、試食する場合

・パターン3：試食してから、パッケージを見る場合

3つのパターンを比べると、パターン1の「見ただけで、試食しない場合」が一番、属性フレーミング効果が大きく、「Aのほうがいい」とAに対する評価が最大になりました。一方、「パッケージを見てから、試食する」パターン2の場合は、1より属性フレーミング効果は小さくなり、1よりもAに対する評価は小さくなりました。最後の「試食してから、パッケージを見る」パターン3の場合は、属性フレーミング効果の影響はほとんどありませんでした。

まさに「何」を「どう」提示するかで結果が変わる代表例と言えます。

――「プロスペクト理論」とは何か？

このフレーミング効果ですが、カーネマンとトベルスキーは、フレーミング効果にはポジティブなものとネガティブなものがあると述べました。それを説明するとても有名な実験がありますので、紹介しましょう。

この実験では学生たちに、「架空の病気」について、質問に答えてもらいます。

まず、学生たちに「ある病気が流行している。その病気が原因で600人が死亡すると予想される」と伝えます。

その上で、自分が責任ある立場にいたら以下の2つの対策Aと対策Bのどちらを取るべきか、尋ねます。しかし、これをただそのまま尋ねるのではなく、「表現1」と「表現2」のように変えて、2つの別々の学生グループから回答を得ました。読んでいただくとわかりますが、実は「表現1」と「表現2」は表現が違うだけで、内容は全く同じです。

【表現1】

・対策A＝対策Aを取ると、「確実に200人が助かり、400人は助からない」
・対策B＝対策Bを取ると、「3分の1の確率で600人全員が助かり、3分の2の確率で誰も助からない」

【表現2】

・対策A＝対策Aを取ると、「確実に400人が死亡し、200人が死亡しない」
・対策B＝対策Bを取ると、「3分の1の確率で誰も死亡せず、3分の2の確率で600人全員が死亡する」

「表現1」と「表現2」はポジティブな言い方（200人が助かる）にするか、ネガティブな言い方（400人が死ぬ）にするかの違いです。また対策Aはそれを選択すると、100%確実にどういう結果になっているかわかっていますが、対策Bは結果にリスクがあるものです。

さて、あなたならどちらを選びますか？

ポジティブな「表現1」の場合は確実性のある対策Aを選ぶ学生のほうが多く、72%でした。それはプロスペクト理論によると、人には「得るもの（＝何人助かる）を強調されると確実性を求めリスクを避ける」という傾向があるからです。

つまり、表現1の場合、両方の対策が生き残る確率（ポジティブフレーム）で提示されているため、対策Bのリスク「3分の2の確率で誰も助からない」を避け、「200人は助かる」という対策Aを選んだのです。

「○○人死ぬ」というネガティブな表現2の場合、78%の学生たちはリスクのある対策Bを選びました。それはプロスペクト理論によると、人には、「損失（＝何人死亡）を強調されるとリスクを求める」という傾向があるからです。つまり、確実に400人死なせてしまうより、リスクを取り、誰も死なない可能性にかけようという選択になったのです。

これをビジネスの世界に応用した実験もあります。この実験では、「ある重要な部品の納入業者が値上げをしたために、あなたの企業の資金が600万ドルも危険にさらされた」と被験者は伝えられました。

そして表現1のグループの被験者には、次のように伝えました。

・対策A＝対策Aを取ると、確実に200万ドルの節約になる
・対策B＝対策Bを取ると、600万ドル全額を節約できる確率が3分の1、何も節約できない確率が3分の2であった

表現2のグループの被験者には、同じ情報をネガティブフレーミングで伝えました。

・対策A＝対策Aを取ると、400万ドルの損失が確定する。
・対策B＝対策Bを取ると、損失が出ないのが3分の1の確率で、600万ドルを失う

のが3分の2の確率。

前の「架空の病気」と同様、「節約」というポジティブな表現の場合は大半の被験者の75%が対策Aを選びました。しかし、「損失」というネガティブな表現の場合は、20%のみが対策Aを選びました。

このように、同じ内容でも表現がポジティブフレームかネガティブフレームかによって、受け手の行動が変わるのです。

──コロンビア×UCLA 「フレーミング効果」の研究

私がデューク大学でポスドクの頃に、コロンビア大学やカリフォルニア大学ロサンゼルス校との共同研究でもフレーミング効果について実験しました。その研究では、老後資金の管理に最も大事な要因と言われる「寿命」について、2つのフレーミングで聞きました。

「寿命」が老後資金の管理にとても大切なのは、退職後、収入がなくなり、貯蓄してきたお金を、「毎月どれだけ使っていいか」というのは、「あと何年、貯蓄が必要か」ということと、とても深く関わってくるからです。

・フレーミング1．あなたが55歳まで生きる確率は何％だと思いますか？
・フレーミング2．あなたが55歳までに亡くなってしまう確率は何％だと思いますか？

同じように年齢を変えて65歳、75歳、85歳についても聞きました。この結果を基に、自己申請の平均寿命を数値化してみたところ、フレーミング1の方の際の平均寿命が、フレーミング2より10年ほど長くなっていました。これは、フレーミング1だと、人は「55歳まで生きられる原因」に焦点を当て、フレーミング2だと、人は「55歳までに亡くなってしまう原因」に焦点を当てて考えてしまうからでしょう。

これは、自分の人生設計にも関わるような大事な意思決定にもフレーミング効果が出るという証拠です。

これらのフレーミング効果は日常の仕事場でもよく見られます。営業や開発の議論をしている際には、利益に焦点を向けているとリスクを取りたがらないのですが、いったん損失の可能性に目を向けるとリスクを取りたがるのです。そのバランスを取るには、両方の観点からメリット・デメリットを書き出すのもよいでしょう。先ほどのビジネスの事例で言うとこうなります。

・対策Aを取ると、「確実に200万ドルの節約になる。つまりは400万ドルの損失」
・対策Bを取ると、「600万ドル全額を節約できる確率が3分の1、何も節約できない確率が3分の2であった。つまりは、3分の1の確率で損失がなく、3分の2の確率で600万ドルを失う」

このように、両方のフレーミングを考慮することにより、バイアスを削減し、よりバランスの取れた意思決定ができるでしょう。

――「並列評価と単独評価」――中古の辞書の選び方

同じ情報を違う表示にするだけで人は非合理な意思決定をしてしまうというフレーミング効果ですが、一方で、人は比較をすることで、より良い決定をすることもできます。

中古の辞書を買おうと思っているとき、2冊候補があったとします。

Aは、コンディション良好でカバーにダメージもなく、1万語収録。
Bは、カバーが一部破れている。こちらは2万語収録。

あなたなら、どちらにいくら払いますか？

1冊だけを見て辞書の値段を決める「単独評価」の場合、人はカバーの有無などわかりやすい基準に注目して値段をつけます。単独で見ていると「1万語収録」がすごいのか、すごくないのかが、わからないからです。
この場合、結果として辞書Aに高い値段がつきます。シカゴ大学教授の実験によると辞書Aは辞書Bより2割以上高くなっていました。

ところが2冊を比較する「並列評価」の場合、結果は変わります。比較対象ができたことで、「〇万語収録」が検討しやすくなったのです。その結果、「辞書なんだから2万語収録のほうがいいだろう」という判断をする人が増え、辞書Bの値段がAよりも4割ほど高くなりました。

2つの辞書を比べるか比べないかだけで、値段が数割も変わってしまうというのは、実に非合理的です。

実はこの「単独評価」と「並列評価」については、この本を出版するにあたっても経験しました。表紙を決める際の話ですが、まだまだ出版に疎い私は、自分の頭の中で「こういうイメージの表紙がいいな」と考えていました。しかしプロの編集者の方から「他の本はこういう感じですので、相良さんはこういう方向で」と的確なアドバイスをいただき、「あ、私は単独評価していた」と気づきました。

よく考えてみると、読者の方が書店で本を買うときは、「面白そうな本がいっぱいあるな。どれにしようかな」と、大抵並列評価がなされていると思います。ですから、読者の方が本書を他の本と比べて見た際に、どういう表紙にしたらわかりやすいかというところに焦点を置くべきだとわかりました。「単独評価・並列評価」という行動経済学の理論を理解していることで、早く良い解決法が見つかったのです。

もちろん本だけではなく、新製品をリリースする際は、必ず「消費者が今使っている商品」と比較される前提で、価格設定やプロモーションをする。旧来品と比べてみた場合、新製品がどのくらい優れているかを強調するべきということが、これらの研究からも見て取れます。

しかし、今までの私の経験ですと、大抵の現在のマーケティングリサーチは、消費者の調査の際は自分の商品のみの「単独評価」に重点を置いています。ですが、ここは行動経済学を応用して、他社の商品との並列評価での調査をするとよいでしょう。

比較されるか単独かで評価が変わるのは、人間の評価も同様です。1996年にシカゴ大学の教授のクリストファー・シーが発表した研究では、「あなたはコンサルティング会社のオーナーで、KYという特殊なコンピュータ言語を使えるプログラマーを探している」という設定で被験者に質問しました。

「新卒の候補者が2人います。KY言語の経験と学部の成績平均点（GPA）は次の通りです。どちらを選びますか？」

候補者1

経験：過去2年間に書いたKYプログラムは10本

GPA：4・9

候補者2
経験：過去2年間に書いたKYプログラムは70本
GPA：3・0

候補者2人を比較した並列評価では、候補者2のほうがオファーの報酬額が6％高くなるという結果になりました。並列評価することにより、GPAよりも、実務により関連しているKYプログラムの本数に焦点をおいたのです。ところが、比較しない単独評価では、候補者1のオファーの報酬額のほうが20％以上高くなるという結果になったのです。この調査結果は、消費者による商品選択の意思決定だけではなく、人材採用プロセスにおける採否や報酬水準の決定などビジネスにおける意思決定にも単独・並列評価が影響するという証左となっています。

275ドルのホームベーカリーが「おとり効果」でバカ売れした話

人は無意識に比較してしまうという理論を基にしてできた「おとり効果（Decoy Effect）」があります。「誰も選ばないような選択肢（おとり）」をあえて追加することで、「もともとあったもの」を選ばせるという理論です。

実際におとり効果の事例があったのは、ウィリアムズ・ソノマ。カトラリーやお皿から家電まで高級キッチン用品を扱う小売店としてアメリカでは人気を集めています。

あるとき、ウィリアムズ・ソノマでは、275ドルのホームベーカリー（家庭用パン焼き機）を販売することになりました。しかし、事前のマーケットリサーチでは「買いたい！」という声が圧倒的だったのにもかかわらず、売れ行きは今ひとつ。

そこで、あえてより高い415ドルの新しいホームベーカリーも並列して販売することにしました。ちなみに、この原稿を書いている2023年3月現在は1ドル＝137円ですので、275ドルは約3万7000円、415ドルは約5万6000円です。一つ5万円を超えるホームベーカリーはかなり割高です。ウィリアムズ・ソノマは本当に売る気が

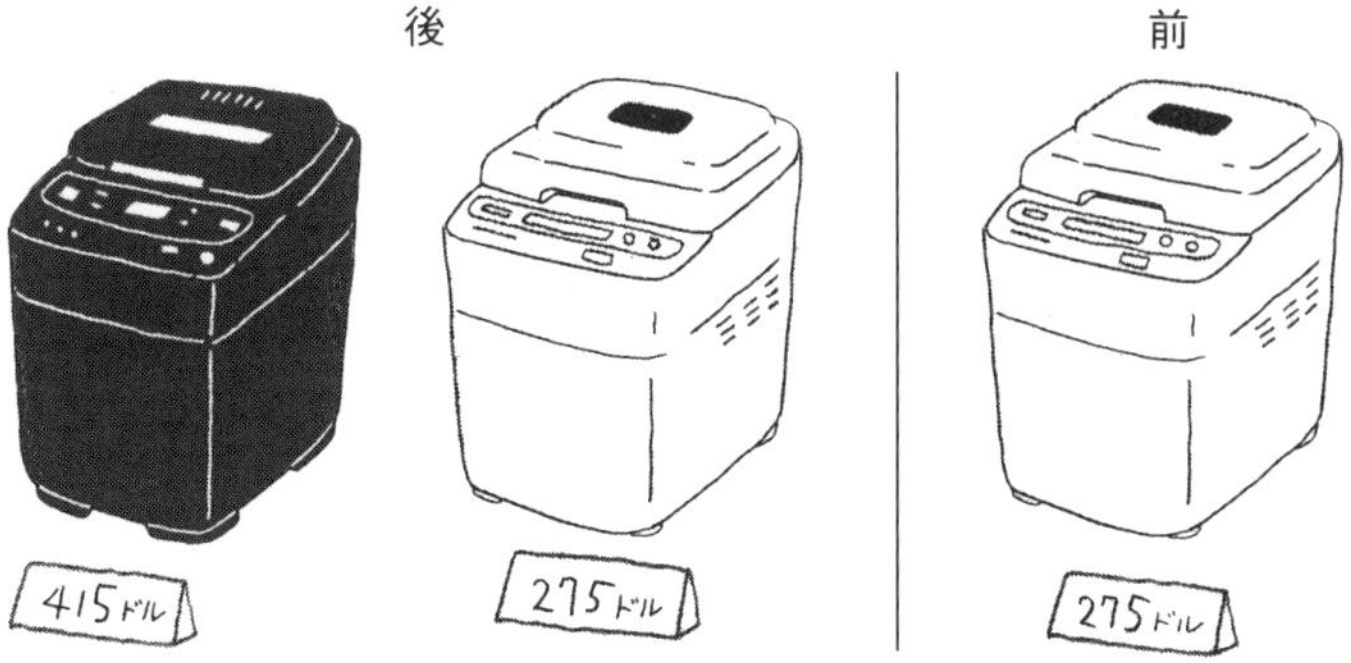

あるのでしょうか。

しかし、この結果、面白い現象が起きました。もともとあった275ドルのホームベーカリーがバカ売れするようになったのです。なぜでしょうか。

それはナッジとなる「比較対象」ができたためです。

275ドルのホームベーカリーだけがあるときには、275ドルが高いか安いのか判断がつきません。3万円を超えると言われると、「パンなら一個数ドルでどこでも売っているし、わざわざ必要ないかな……」と尻込みをしてしまうのもうなずけます。

そこで、「おとり」として、より高いホームベーカリーをあえて一緒に並べたのです。隣に415ドルもするホームベーカリーがあることで、もともとのホームベーカリーが安く感じられます。

行動経済学的に言うと脳は「比較」によって、物事を認知しやすくなります。アップルなども、この「おとり効果」を巧みに利用した販売の仕方を取っています。

アップルは1種類のiPhoneだけを見せたりはせず、ストレージが違うiPhoneをあえて並べて、落とし所を考えているように感じます。

この原稿を書いている時点での最新機種はiPhone 14ですが、日本だと128GBが11万9800円、256GBが13万4800円、512GBが16万4800円となっています。

「一番容量の少ない128GBでは足りないかもしれない。だけど、512GBは多すぎて使わないだろう」

こう考えた消費者は、無難に真ん中の256GBを買おうとなり、もしもアップルが売りたいモデルが256GBであれば、おとり効果は見事に成功したことになります。

こうした例からわかる通り、あえて無駄にも思える比較対象を作るということも大事なのです。

オーストリアでは99%が臓器提供に合意するワケ

最近、グーグルで働く友人と会ったとき、近年高まる「プライバシー」の問題が話題になりました。自分の検索ワードが追跡され、おすすめ広告が送られてくるというのは、これまでは当たり前のように行われていましたが、情報漏洩が懸念される今、問題になっています。

そのような流れを受けて近年、グーグルだけでなくあらゆるサイトやアプリなどで、プライバシーについての設問が設けられる機会が増えました。

例えば、新聞社のニュースサイトにメールアドレスを登録しようとすると、「関連するメールマガジンBとCも読む」「プロモーション情報を送る」というチェックボックスが設けられているのを見たことがあるのではないでしょうか。

そういった情報を注意深く見てみると、大抵は「読む・送る」のほうにチェック印がついています。これも行動経済学から考えて、実に巧妙な戦略です。

なぜなら、人は変更することを面倒に思う生き物だからです。「変更しなければならない」というだけで、見えない壁のようなものが邪魔をします。特に疲れたり忙しかったりすると、脳は注意力散漫になり、意思決定をしないことを選びます。「どっちでもいいこと」であるときも同様です。

また、「変更して、気が変わったらどうしよう」とか、「役に立つかもしれないし、タダだからそのままでいいや」と、なんだかそっちのほうがよくなってくることも多々あります。

ですから、売り手側としては相手に選んでほしい「読む・送る」のほうを「デフォルト」にしておくのです。その結果、チェック欄には印がついたままになり、消費者はマガジンやプロモーションのメールを大量に受け取ることになります。行動経済学の知見を取り入れている会社、特にグローバルなテックの大手はデフォルトを変えるだけで、何億もの人たちの行動に影響を与えることができます。

消費者側としては、この現状を知ってデフォルトにも注意を払うべきですし、ビジネスをする側としては、「売りたいものはデフォルトにしておく」という戦略が立てられます。

私がいくつか共同研究をさせていただいたコロンビア大学教授のエリック・ジョンソンらによる「デフォルト」に関する興味深い臓器提供についての調査があります。

図表13 臓器提供の同意率

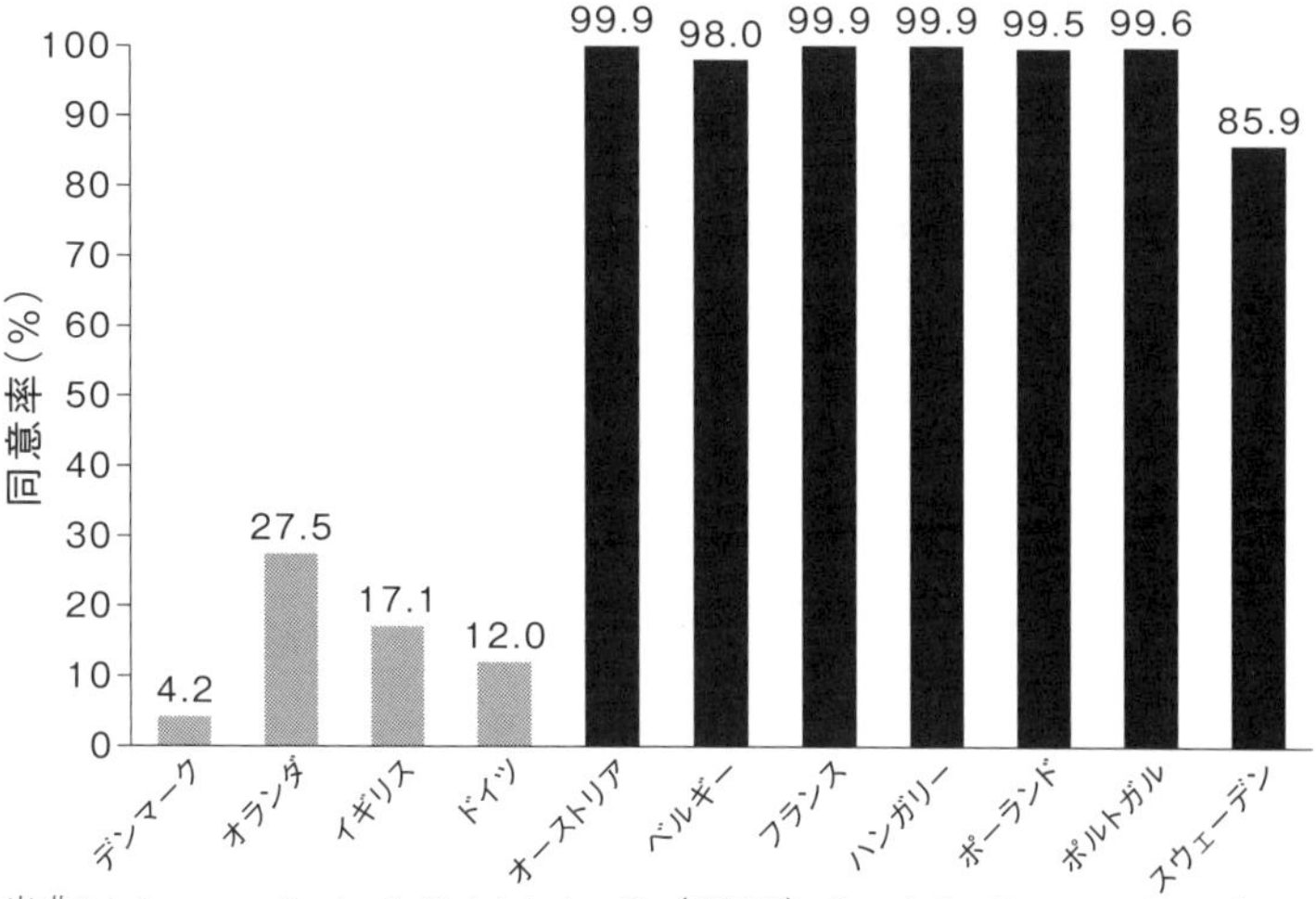

出典:Johnson, E. J., & Goldstein, D. (2003). Do defaults save lives?. Science, 302(5649), 1338-1339.

「あなたがもしも事故に遭って亡くなったとしたら、臓器提供をしますか?」

あなたならどう答えるでしょうか。

図表13は臓器提供の同意率をヨーロッパの国別に比較した研究です。オーストリア、ベルギー、フランスなどはほぼ全員が「提供する」となっており、逆にオランダは30%足らず、イギリス、ドイツは20%に満たないという低い数字。デンマークに至っては提供する人は4・2%です。

すべての国はヨーロッパ内であり、この差は文化や宗教観が原因ではありません。なのに、なぜこんなにも大きな差が

図表14 同意率に差がつく理由

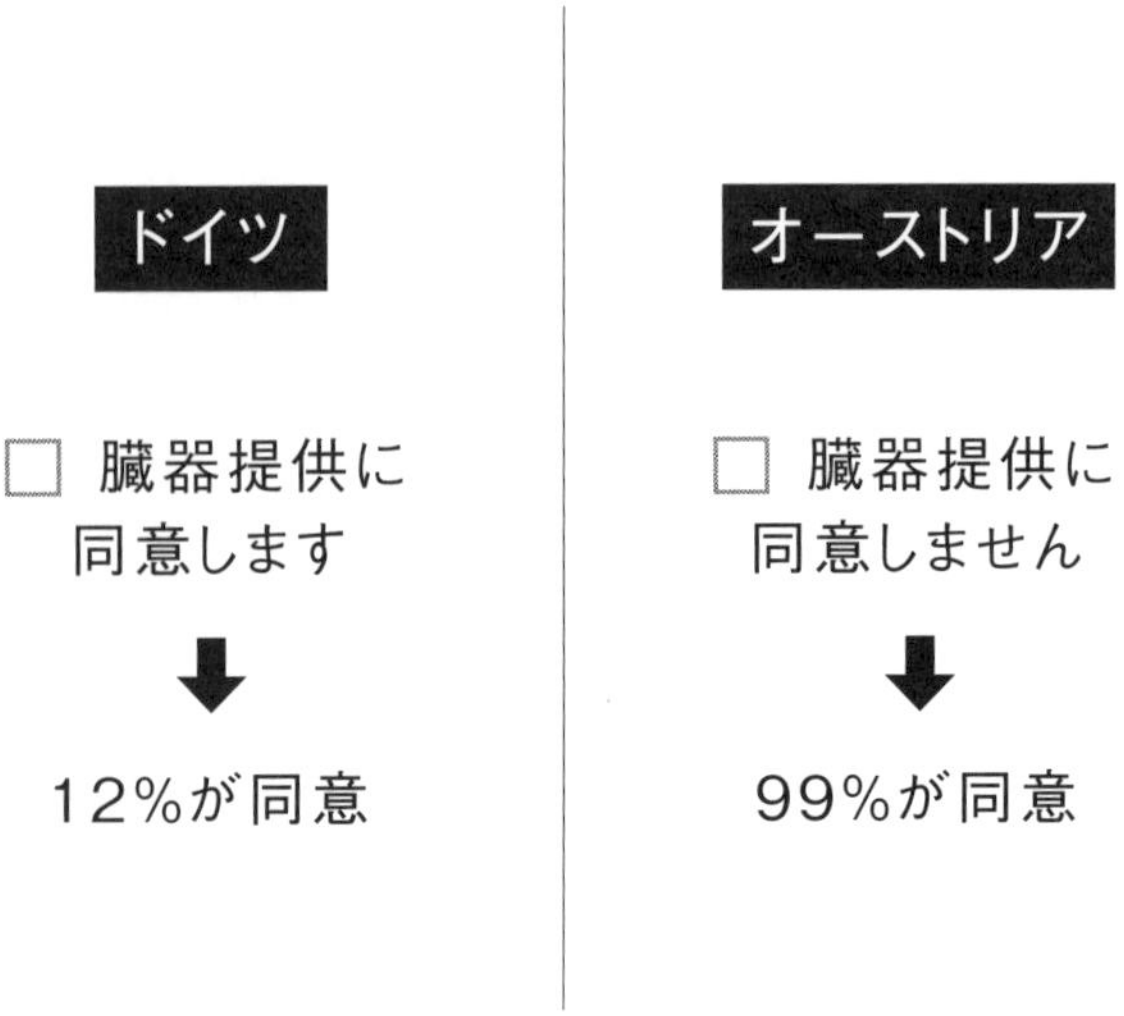

出てくるのか——理由は単純で、100%近くの人々が臓器提供に合意している国では「ノーとチェックを入れない限りデフォルトで臓器提供者となる」と定められているのです（図表14）。反対に、臓器提供の合意率が低い国では、イエスとチェックを入れないと、臓器提供者にはならないようになっています。

臓器提供は判断が非常に難しい問題なので、人はなかなか選ぶことができません。だからこそ、デフォルトのままにしてしまいます。

臓器提供は特殊な例でしょうが、他の大抵のことにもデフォルトがあり、たとえ設定されていなくても、人の脳の中に「これがデフォルト」という基準が存在します。「本日のランチ」「好きなブランド」「ランキング１位の本や音楽」。これらはまさに日常に潜んでいる「デフォルト」です。だから、消費者も選びやすいのです。

販売する側は上手くデフォルトを設定すれば、「売りたいものを売れる上に、消費者に満足を与えられる」という一石二鳥となります。なぜなら選択オーバーロードの状況にさらされている人にとって、「迷わずに選べる」というだけで満足度も上がるからです。

iPhone 7が安く見えるのは「アンカリング効果」によるものだ！

他にも、人に何かを提示するときには「アンカリング効果」を意識するといいでしょう。

先ほど、ウイリアムズ・ソノマやiPhoneの販売戦略は、選びそうにないものを混ぜることで、意図したものを選ばせる、「おとり効果」だとお伝えしました。

これと似て非なる行動経済学の理論が「アンカリング効果」です。

例えば、「９９９ドルのiPhone Xを見た後に、５４９ドルのiPhone 7が（高いのにもかかわらず）安く感じる」というケースがそれにあたります。

つまりアンカリング効果とは、「最初に提示された数値などが基準になり、その後に続くものに対する判断が非合理に歪んでいく」理論です。

ストックホルム商科大学オスカー・バーグマンの実験では、被験者にあるワインをいくらで買うかを聞くという実験をしました。その際、「このワインをXドルで買いますか？」と聞くのですが、Xにはその被験者の社会保障番号（日本のマイナンバーのようなもの）の下二桁を入れた上で質問します。

つまり、社会保障番号の下二桁が20の人なら「このワインを20ドルで買いますか？」と聞き、下二桁が95の人なら「このワインを95ドルで買いますか？」と聞きます。当然、下二桁の数字が大きい人ほど高額になりますから、「買いません」という回答になります。

その後この実験では、「買いません」と回答した人に「では、いくらなら買いますか？」と質問をします。「ワインに95ドルも出したくない」と答えた人にこの質問をすると、「70ドルなら」などと答えます。

この調査の結果、下二桁の数字が大きい人ほど、最終的に買うと答えた価格も高額な数字を挙げることがわかりました。単に社会保障番号という、ワインとは全く関係のないランダムな数字であるにもかかわらず、人は最初に提示された数字に強く影響を受けるのです。

ワインは価格帯の幅が広く、価値がわかりにくいものなので行動経済学の研究によく用いられます。この調査では、同じく価格がわかりにくいアートについて、社会保障番号を基準に「いくらなら買うか？」と尋ねていますが、同じ結果になっています。

逆に言えば、精通している商品に対しては、アンカリングは起きません。毎日買うコーヒーの値段は、「コンビニならいくら、スタバならいくら」と明確に覚えているので、アンカリング効果は期待できないということです。

――裁判の判決がサイコロの数字で決まる!?

「アンカリング効果はわかったけれど、私は大丈夫。そんな影響を受けたりしない」

行動経済学について教えていると、このような反応をする人もいます。責任ある仕事に就き、日々意思決定しているので「自分は釣られたりしないし合理的だ」と考えているのでしょう。しかし、いくらその道のプロフェッショナルであっても、アンカリング効果に引きずられることがわかっています。

ドイツのケルン大学のバーテ・イングリッチらの研究では、裁判官を対象にある実験を行いました。

この実験ではまず、被験者である裁判官は「連続万引き犯の事件」の調書を読むよう指示されます。

その後、全く関係ないアンケートの一部として、この裁判官を2グループに分け、サイコロを振ってもらいます。このサイコロには細工がされていて、グループAの人たちのサイコロは1と2しか出ないようになっていて、グループBの人たちのサイコロは3か6しか出ないようになっています。そして、その出た数字の合計数を書き留めてもらいます。最後に、最初に読んだ「連続万引き犯の事件」の犯人の刑期を出してもらいました。

その結果、グループAの裁判官たちは1と2の数字に引っ張られて平均「懲役5カ月」と少なめの刑期を出しました。一方で、グループBの裁判官たちはより大きい数字である3と6の数字に引っ張られて、平均「懲役8カ月」というより長い刑期を出しました。

この実験でも、後からサイコロの数が判決に影響したかを尋ねたところ、裁判官たちは、

「そんなことはあり得ない」と答えました。しかし、もし引っ張られていないのであれば、数字に違いが出ないはずです。

公平であるべきプロの裁判官が無意識にアンカリング効果を受けていたという点が、実に興味深い実験です。

もう少し身近な例を挙げれば、アンカリングは部下の評価にも影響します。例えば、入社3年目の社員の評価基準は、「自分が3年目のときの成績」であることが多いものです。これが行きすぎると、部下の本当の良さに気づくのが難しくなり、「努力が足りないのでは」となってしまうこともあるでしょう。特にプレイヤーとして成果を出していた上司ほど陥りやすい〝落とし穴〟です。

しかし、上司が入社3年目だった10年以上前と、現在の環境はかなり違うかもしれません。さらにどのように能力を発揮するかは、人それぞれ異なります。その部下は遅咲きで、入社5年目に成果を出すかもしれません。あるいは「同僚のサポートがうまい」とか、「時間をかけてクライアントと信頼関係を築ける」とか、簡単に数値化できないものかもしれないのです。

「自分も無意識にアンカリング効果を受けているかもしれない」と不安になったなら、自分のアンカーを外しましょう。

例えば、「パワーポイントで重要な年度予算の資料を作る」というとき、「以前は1週間かかった」「同僚は10日で作った」など、無意識のうちに必ず頭の中にアンカーがあります。しかしプレゼンの内容や目的が全く違っていたら、そのアンカーは正しいものではありません。そこで「今日は1月5日だから5日間でできるかな」「私は7月生まれだから7日かかるかな」など、あえて全く関係のない数字を設定してみます。

納期、予算など、大きなものでも、無作為に選んだ関係のない数字を意図的にいくつか当てはめることで、過去のアンカーから抜け出しやすくなります。

アンカリング効果はデメリットばかりではなく、交渉の際などに有効活用することも可能です。

例えば、新たなプロジェクトには80万円の予算がかかり、上司の合意を取り付けたいとします。しかし「80万円」は高額で、却下されるかもしれません。

そこで最初は「１００万円必要です」と交渉し、印象づけます。次に「ここところを削れば、80万円でもどうにか収まります」と、１００万円をアンカリングにした交渉をします。こうして最終的に80万円の予算を確保できるということです。

コロンビア大学のアダム・ガリンスキーらがＭＢＡの学生を被験者とした実験でも興味深い結果が出ています。

実験に参加したノースウェスタン大学の学生は、「架空の製造工場」の譲渡価格について交渉を行いました。買い手・売り手のペアを作り交渉した結果、なるべく高く売りたい売り手が最初に価格提示した場合、合意価格の平均は２６０万ドル。なるべく安く買いたい買い手が最初に価格提示した場合、合意価格の平均は２００万ドルとなり、３割の差が出ました。

交渉の際も、初めに提示された数字がアンカーとなるので、こういうときは積極的に提示するとよいですね。

── 状況の理論を組み合わせたアマゾン無敵戦略

これまで話してきたおとり効果、アンカリング効果など、あらゆる状況を組み合わせてビジネスを強化している会社は多岐に渡りますが、特に顕著なのがアマゾンです。

まずは「アンカリング効果」。

アマゾンはセール中の商品価格を、「取り消し線の定価」「割引価格」の2つで表示しています。これは定価がアンカーとなって割引価格がとても安く思われ、購入につながるという戦略。実際にその価格がお買い得であるという保証はないのに、人はつい、釣られてしまいます。


次に「おとり効果」。

アマゾンで買い物をする際、「比較する」をクリックすると、商品価格と配送条件を、アマゾンと他の小売業者で比較できます。「低価格、最速配送」をモットーとするアマゾンは、大抵競合他社に圧勝です。それなのに、なぜ他社の価格と配送条件をあえて提示するのか？　これはアマゾンの商品をより魅力的にするための「おとり」として使っていると捉えられます。


さらに巧みなのが、「システム1」で意思決定させる状況を作っている点です。

顧客は商品を選択し、「バスケットに入れる」という目につくオレンジ色のボタンをクリックすると、「1－Click注文」オプションを有効にできます。クレジットカードや住所など、初回購入に必要なデータをすべて登録してあれば、熟考することのない直感的な「システム１」で簡単に購入できます。後で詳しく述べますが、人には現金よりカードのほうが散財しがちだという「キャッシュレス効果」があります。「１－Ｃｌｉｃｋ注文」だと、クレジットカードすら出さずに買えるので、「自分の大切なお金を使ってしまっている」という感覚がさらに薄らぎます。

もう一つ、指摘しておきたいのが「自動更新」です。

日本だと月額５００円の「アマゾン・プライム」は、配送料が無料になったり一部の電子書籍が無料で読めたりするオプションです。一度申し込むと、期限までに顧客が解約しない限り、自動更新されます。これは、多くのサブスクリプションサービスが採用している機能で、惰性（イナーシャ）を利用したもの。たまにしか買い物をしない、本来プライムサービスが必要でない顧客からも会費を確保する効果を生んでいます。

「パワー・オブ・ビコーズ」があるから、お願いの理由はテキトーでいい

人間の営みには「交渉」がつきもので、日々交渉を重ねるのは、ビジネスに限った話で

はありません。お願いの際に「ちょっとした言葉」を添えるだけで相手の対応は変わります。ハーバード大学のエレン・ランガーが1970年代に行ったコピー機の実験です。

大学図書館で資料を探し、いざコピーしようと思うと長蛇の列——インターネットが普及する前はこれが当たり前の風景でした。私の大学時代は、もちろんコンピュータを使っていましたが、論文がデータベース化される過渡期だったので、やはりコピー機にはずいぶんお世話になりました。

みんな何十枚とコピーを取るのでかなり時間がかかり、「5枚だけなのに」と思いながら長時間並ぶのは避けたいところです。

この長蛇の列に少しでも割り込みする方法はないか。ランガーは、前に並ぶ人にどのように声をかけたら、前に入れてもらいやすいかを実験しました。

1.「すみません、5ページ分先にコピー機を使っていいですか?」（理由なし）

2.「すみません、5ページ分コピーを取らなきゃいけないので、先にコピー機を使っていいですか?」（一応、理由は言うが、「先にコピーを取る理由」は言わない）

3.「すみません、急いでいるので、5ページ分コピー機を使っていいですか?」（先にコピーを取る理由を言う）

この３通りの言い方でお願いした結果、割り込ませてくれる確率はどのくらいだったでしょうか？

結果は１が60％、２が93％、３が94％の割合で「いいよ、先に使って」という答えが返ってきました。３つは少し言葉を変えただけで、内容はほとんど同じです。しかし１に比べて２と３のほうが、割り込める確率がぐんと上がったのは、そこに「理由」が添えられていたためです。

これは私が「パワー・オブ・ビコーズ（Power of Because）」と呼ぶ理論です。直訳すると「理由のパワー」。何か人にお願いするとき、「理由」を添えるだけで、受け入れてもらえる可能性がぐんと上がるという理論です。

ポイントは、その理由は「何でもいい」という点です。

例えば、先ほどの３つの聞き方のうち、２は理由は言っていますが、よく考えると理由になっていません。誰もがコピーを取らなきゃいけないから並んでいるのに、「コピーを取らなきゃいけないので、先にコピー機を使っていいですか？」と聞くのは、よく考えてみるとおかしいですね。

それにもかかわらず、60％の成功率である理由のない1に対して、2は93％にまで跳ね上がっています。しかも、「急いでいるから」ともっともな理由を言っている3の94％とほとんど結果は変わりません。

このように、理由の内容自体はテキトーでいいのです。普段の意思決定のほとんどはシステム1を使っているので、そこにとにかく理由があると、お願いを受け入れようという気になる。上司や部下、クライアントに「どんな理由を言ったら、納得してもらえるだろう」と悶々と悩んでいる方。パッと決めてしまうほうが、「機会コスト」の削減にもつなげられるかもしれません。

もちろんこれは小さなお願いに限ります。大きなお願いはきちんと理由を明確にしましょう。

――「自律性バイアス」で、子どもに皿洗いをしてもらう方法

これまでお伝えしてきたように、脳はさまざまな状況に操られています。しかし、それでも人は「そんなはずはない」「自分で主体的に決めたんだ」と思いたい生き物です。

この人間の「自分の意志で決めた」と思いたい性質をあえて利用する依頼方法もありま

す。例えば、子どもにお手伝いをさせる際、次のうちどちらのお願いの仕方が効果的でしょうか？

1．「食事の後の皿洗いをお願いね」
2．「食事の後の皿洗いはスポンジでする？　それとも水で流してから食洗機に入れる？」

もうおわかりの通り、2番目の頼み方のほうが相手は快く引き受けてくれます。

1の場合ですと、そこに自分の意志はありません。ですから、このような頼み方だと反発を受ける可能性が高まりますし、受けてもらえても、そこにわだかまりが残ります。

そうではなく、2のようにさりげなく「やってもらうことは前提」としてしまうのです。その上で、スポンジか食洗機かという選択肢を与えてあげる。そうすると、頼まれた子どもは「命令されたんじゃない。自分の意志で選んだのだ」と感じて、前向きに行動に移してくれます。

これには正式な行動経済学的な名称はついていませんが、私は「自律性バイアス（Autonomy Bias）」と呼んでおり、人が「自分の意志で決めた」と思い込みたい性質を指します。

同じように、部下に「忙しいからプロジェクトを手伝って」と言うよりも「手伝ってほしいんだけれど、書類の手直しとデスクリサーチ、どちらかお願いしていいかな？」と頼むほうが相手は気持ち良く手伝ってくれます。また、手伝うことが前提なので断りにくいというメリットもあります。

これは上司を味方につけることにも使えます。アメリカで行動経済学を学び、現在日本企業の人事部で勤務されている方がこんな体験談を教えてくださいました。やりたいプロジェクトについて、上司に対して「これをやります」という一方的な情報共有をした結果、自分が知らないことを部下が勝手にやっているという不安や自分が頼られていないという虚しさを感じたのか、支援を渋られたそうです。そこで、彼は自律性バイアスを上手く利用して、「これをやりたいと思っているんですが、AとBどちらが良いでしょうか」という相談に切り替えました。本質的にはAでもBでも良い選択肢を揃えて、上司に選んでもらったところ、上司を巻き込み周りからのサポートも受けられるようになったそうです。

この「自律性バイアス」を利用した方法は、実際のビジネスシーンでも取り入れられています。

例えば、仮に私が銀行の暗証番号を忘れてしまったのなら、口座認証の手続きが必要です。個人情報の確認や、合言葉認証の確認、二段階認証もありますし、ワンタイムパスワードの発行もあったりと、作業はやや煩雑です。

こんなときに、以下の2つの聞き方をされたら、どちらが好印象でしょうか。

1．「この手順を踏まなければ口座認証はできません」
2．「あなたの口座認証をするためお手伝いをさせてください」

当然、2です。理由はこれまでの例と同じで、1だと自分の意志はない「強制」によるものですが、2はあくまで自分の意志を持って口座認証の手続きをするというものです。

これについては実験も行われており、「お手伝いをさせてください」と言うか言わないかで、顧客の評価も大きく変わっていました。この実験の後、顧客に追跡調査をすると、後者のほうが顧客の評価は82%が高く、手間も73%が少ないと感じたという結果になりました。この行動経済学的な効果を理解していることからこそ、最近のアメリカでは必ずと言っていいほど、「お手伝いをさせてください」という言葉がマニュアルに入っていると考えられます。

「いつ」を変えるだけで人の判断が変わる

——朝と昼食後は仮釈放されやすい

「状況」が行動にどのような影響を及ぼすか、ここまでさまざまな例を見てきましたが、実は人の意思決定は「時間帯」にも強く影響を受けます。

脳はぐっすり眠った後にはリフレッシュされていますが、日中の無数の意思決定によって夜は「決定疲れ」となっており、最適な判断ができません。

例えば、朝起きたときには「今日は仕事の後にジムに行こう」とか、「会社帰りにカフェで資格の勉強をしよう」と計画していても、実際に夜になると疲れすぎて挫折してしまう——そんな経験はありませんか？　「ジムに行こうか、どうしようか」と思いながらだらだら過ごしてしまうのは、脳が疲労して意思決定できなくなっているからです。「大切なことは朝考える」というエグゼクティブが多いのは当然で、時間帯という「状況」の影響を考慮しているからです。

「脳の意思決定は時間帯で変化する」ことを証明する例を挙げましょう。イスラエルの裁判所で行われた調査です。

この調査では、同刑務所で「仮釈放」を出した1100件の例を分析。「仮釈放」の結果が「時間帯」の影響を受けるのかどうかを調べました。

仮釈放するかどうかは裁判官による囚人の審問で決まり、いつどの囚人の審問かというのは一日中ランダムな順番で行われますが、観察の結果、「仮釈放が認められやすい時間帯」が一日に3回あることがわかりました（図表15）。

朝一の審問だと65％の囚人が仮釈放を認められているのは、裁判官の脳もやる気に満ちているからでしょう。それが昼に近づくにつれて徐々に下がっていくのは「決定疲れ」の影響です。

ところがランチ休憩を挟むと再び仮釈放の確率が上がり、やがて徐々に下がっていく。その後、午後の休憩を挟むとまた仮釈放の確率が上がる──仮釈放率65％からゼロへと

図表15 「時間経過」と「判決内容」の関係

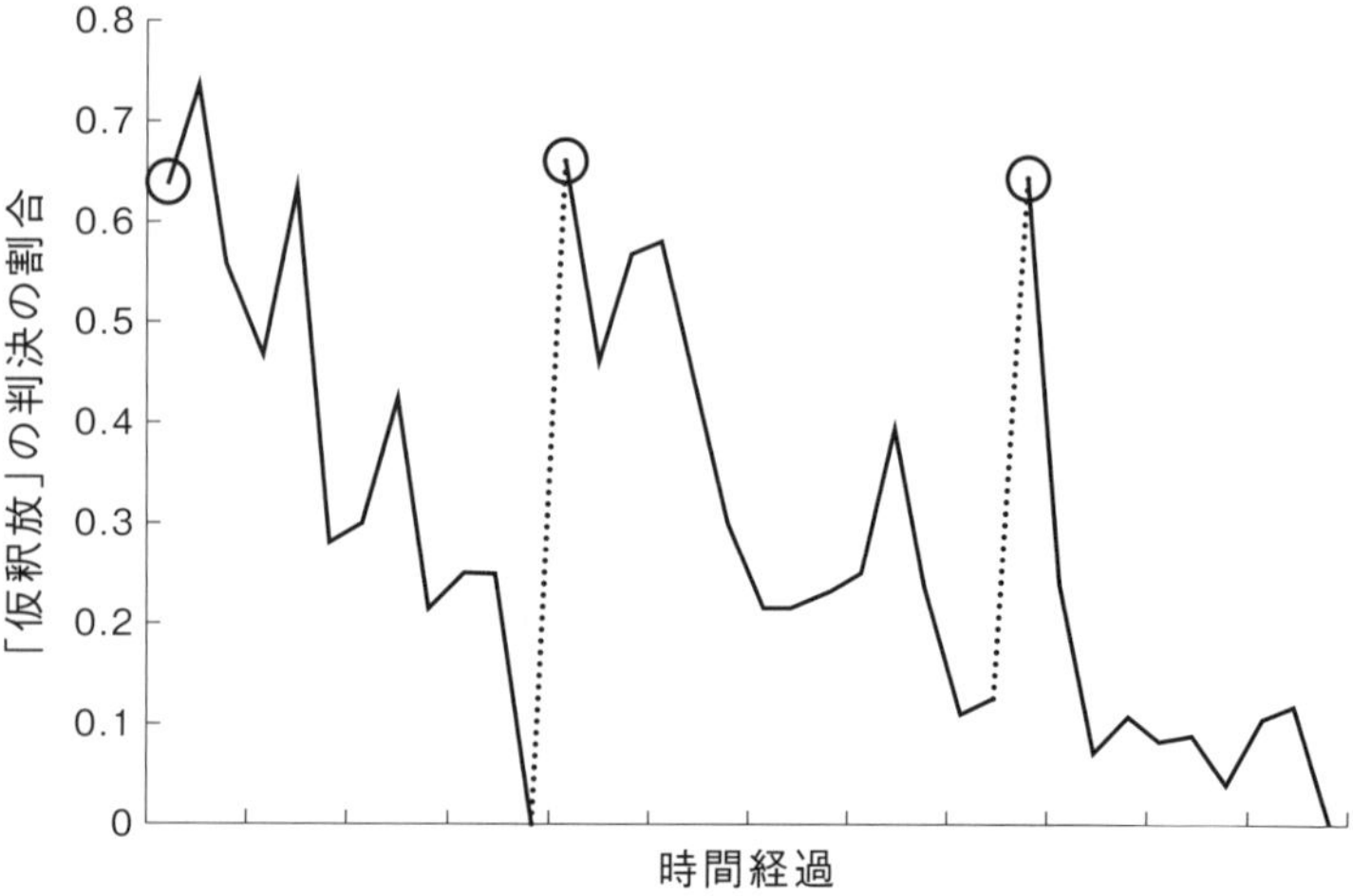

出典：Danziger, S., Levav, J., & Avnaim-Pesso, L. (2011). Extraneous factors in judicial decisions. Proceedings of the National Academy of Sciences, 108(17), 6889-6892.

徐々に下降していく「3つの山」ができていました。

「仮釈放する」とは、かつて罪を犯した人を世の中に送り出すことで、「更生しているか、再犯は大丈夫か」など、システム2の慎重な意思決定が求められます。だからこそ、朝や休憩後の脳がリフレッシュされた状況下で「仮釈放」の判断が増えるのです。

しかし、繰り返し判決を下していると、裁判官の判断は単純化されていきます。囚人の要求を拒否し、「もうしばらく刑務所に入れておく」という「現状維持バイアス」が働いたリスクの少ない意思決定をするのだろうと研究者たちは考察しています。「疲れたときはリスクの低いデフォルトを選ぶ」とも言える調査結果です。

リフレッシュの大切さは日常でもよく言われていると思いますが、その裏にはちゃんとエビデンスがあるのです。これは「勤勉＝美徳」となっている日本の社会人には特に気をつけてほしい点です。一日の中での休憩をしっかり取るのはもちろんのこと、毎日の働きすぎには注意を払っていただきたいです。

時間帯による変化を踏まえて、「ネット広告の時間帯」を考慮することも有効です。例えば、住宅や自家用車、保険といった高額で慎重に考えて購入するものについては、人はシステム2で慎重に吟味するので、脳にエネルギーのある「朝」や「ランチ休憩」の後に配信する。逆にファストフードの新製品や衝動買いを狙うファッションアイテムは、直感的に「ほしい」と思わせることが重要なので、消費者の脳が疲れている「夕方」から「夜」がいいとされています。ついつい夜遅くにネットショッピングで無駄遣いしてしまうのもそうでしょう。

――「感情移入ギャップ」――アメリカでは夕食を朝に買う人がいる理由

人は「時間帯」の影響を過小評価します。裁判官が仮釈放を許すかの研究を見てもわかるように、「疲れてきたら判断に影響が出るな」とは考えません。人は「その先の違う状況に置かれている自分」の実像を捉えるのが苦手で、かなり楽観的に理想像を思い描くことがわかっています。

例えば朝、朝食を食べたばかりで元気いっぱいだと、「今夜は忙しいけれど自炊して健康的な食事をしよう」と考えますが、実際に仕事が終わって空腹になると、ついジャンクフードを買って帰ってしまう。感情については次の章で詳しく話しますが、「未来の自分」を理想化してしまうこの状態を、カーネギーメロン大学の心理学者ジョージ・ローウェンシュタインは「感情移入ギャップ（Hot-Cold Empathy Gap）」と名付けました。

冷静な状態（Cold）は精神的にも肉体的にも落ち着いており、熱くなっている状態（Hot）は疲労でイライラしていたり空腹で渇望感があったりします。どちらも同じ自分なのに、冷静な「今の自分」は熱くなっている「未来の自分」をリアルに考えられません。

「後でお腹が減ったときでも、ちゃんと野菜中心の料理ができるし、仕事で疲れていても勉強ができるはず」と朝考えていても、いざ夜になると、意志の力でコントロールするのは難しいので、「自分」を変えるのではなく「状況」を管理するのが賢明です。

例えば、「重要な予定」はできるだけ朝に入れることにして、アポイントメントも取ってしまう。あるいは夜を有意義に使いたくても挫けてしまうなら、勉強会やジムに申し込んで「行かないといけない状況」を用意しておく。

アメリカでは朝のうちに夕食を買って、職場の冷蔵庫に入れておく人もいます。朝なら、「健康のために夜はチキンと雑穀のサラダで済ませよう」と冷静に考えられるので、先に買って冷蔵庫に入れておく。帰宅する際に持ち帰るだけなので、判断力が低下していても、朝に考えていた通りの食事ができます。「状況」に自分を動かしてもらうというやり方です。

新型コロナウイルス流行前の研究ですが、１００万件以上のネットでの食料品の注文を調査したところ、「配達日を数日後に指定して食品を注文した人」は野菜を中心にカロリーが低い商品を頼んでおり、直前の「翌日配達の指定をして食品を注文した人」は高カロリーの健康的とは言えない商品を頼んでいることがわかりました。

数日後の食材を考えているときは冷静で「未来の自分」は理想化されており、「頼むべきもの」をカートに入れるのですが、直前の注文をするときはお腹が空いて熱くなってしまっているということです。

第2章まとめ

- 人間は「自分で主体的に意思決定している」と思いたがるが、実は周りの状況に「決定させられている」場合が多い。天気の良し悪しや周りに人がいるか否か、物や人の位置や順番など、まさか関係ないだろうと思っていることが、我々の判断に大きく影響を与えている。
- 私たちの判断に影響を与える「状況」には「情報量」も含まれる。特に今は情報過多であるがゆえに、判断が歪んでしまうことが多い。「情報オーバーロード」にならないために、そして人を「情報オーバーロード」にさせないための工夫が必要である。
- 「情報量」と関連して、「選択肢」も人の判断に影響を与える。どのくらいの選択肢をどう提示するかを考えることは非常に重要である。
- 「プライミング効果」「おとり効果」「並列評価と単独評価」など、「何」を「どう」提示するか変えるだけで、人を動かすことのできる理論が多数ある。
- また、時間帯も意思決定に影響する。「感情移入ギャップ」を意識するだけで、結果を変えることも可能になる。

第 3 章

感情

その時の「感情」が
人の意思決定に影響する

さて、ここまで人の意思決定に影響を与える要素として「認知のクセ」と「状況」に関する理論を紹介してきました。第3章では3つの要素のうちの最後である「感情」について学んでいきましょう。

従来の経済学では人は合理的な存在と考えるので、感情などの影響は考慮されていませんでした。しかし、実際には人は良くも悪くも感情によって行動が変わるし、行動が変わるということは、その一つ手前にある意思決定が変わっているということです。「ポジティブな感情の影響でこう行動した」「ネガティブな感情の影響でこう行動した」ということは、私たちにとって実に当然のことのように思いますが、実は「意思決定が感情によって左右されている」という時点でかなり「非合理的」なことなのです。

「認知のクセ」や「状況」は常について回るものですが、「感情」はフラットなときでしたら意思決定への影響は小さくなります。しかし、「感情」が高ぶったときで言えば、意思決定への影響度合いは一番高くなります。

皆さんも、仕事中にカッとなり怒ってしまったことで、人間関係が壊れる経験をしたことがあるのではないでしょうか。そのときの自分はどうにも止めようがありません。

しかし、ここで私が伝えたいのは、感情が人間の意思決定に与える影響は、まだまだ幅広いということです。「そんなはずはない」と思うような意外なことが、我々の意思決定に影響を与えているのです。

そのことを示す面白い研究があります。ロンドン・ビジネス・スクールの教授アレックス・エドマンズらは、40の国を対象に、人々がSpotifyで聴いている過去4年分のデータを収集。それらをＡＩでポジティブな音楽とネガティブな音楽に分け、同じ期間の各国の株価の変動との関係を分析しました。

すると、ポジティブな曲を聴いている人が多いときに、各国の株価も上昇していたのです。

エドマンズらは最初にアメリカでこの調査結果が出たときに、「これはアメリカだけの事象なのではないか」と、自らの調査結果を疑ったようですが、残り39カ国でも同様の結果が出たとのことです。

まさか音楽がポジティブかネガティブかが、株式市場にまで関係しているとは――。本章では、このように、ちょっとした感情が私たちの判断に影響を与えることを示す理論を中心に学んでいきます。

実際に第3章に入る前に、まずは第3章の全体像をつかみましょう。第3章は以下の6つの節に分かれています。

・1．そもそも「感情」とは何か？

私たちは「感情」というと「喜怒哀楽」のようなはっきりとした感情を想像します。しかし、感情というのははっきりしたものばかりではありません。好きな食べ物を目の前にしたときのあのちょっとした高揚感。こういった「喜怒哀楽」とまでは言いづらい「淡い感情」も持ち合わせているのが人間というもの。しかも、実際には、はっきりとした感情よりも、この淡い感情が人を動かしていたりします。

第1節では、第3章の最も基本となる淡い感情「アフェクト（Affect）」について、解説していきます。

・2.「ポジティブな感情」は人の判断にどう影響するか？
アフェクトの中には、ポジティブなものとネガティブなものがあります。第2節では、ポジティブなアフェクトが人の判断にどう影響するのか、さまざまな理論を紹介します。

・3.「ネガティブな感情」は人の判断にどう影響するか？
第3節では、ネガティブなアフェクトが人の判断にどう影響するのか、さまざまな理論を紹介します。

・4. 感情が「お金の使い方」にも影響を与える
そのときの「感情」と「(私たちの) お金の使い方」には密接な関係があります。例えば、現金とカードのどちらを使うかで出費に対する感情は変化し、影響も変わります。その非合理さを理解すると、なぜ経済が感情で動いているかが見えてきます。

・5.「コントロール感」も人の判断に影響を与える

これまでもお伝えしてきたように、人間は「自ら意思決定をしている」と思いたがる生き物です。この「自分で自分の行動をコントロールしている感覚」が欠如すると、ネガティブなアフェクトにつながり、そのネガティブなアフェクトが非合理な意思決定につながる――。その意味で、「コントロール感」は間接的に人の非合理な意思決定に影響を与えているのです。

この「コントロール感」が我々の意思決定に与える影響について見ていきましょう。

・6．「不確実性」も人の判断に影響を与える

「不確実性（Uncertainty）」も行動経済学における重大なトピックです。人は先天的に「不確実なこと」を嫌い、その曖昧さによってネガティブな感情が生まれ、そのネガティブな感情が非合理な意思決定を生み出します。第6節では、「不確実性」がどのように意思決定に影響を与えるか、理論を見ていきましょう。

では、ここで「感情」にまつわるクイズです。

Quiz

あなたは来週、ロンドンに飛ぶ予定だとします。保険をかけるように勧められたら、AとBの保険、それぞれにいくらまで払いますか？

・A保険　「どんな理由で」死亡しても保険金が出る
・B保険　テロ行為で死亡した場合に、保険金が出る

そもそも「感情」とは何か?

さて、クイズの結果はいかがだったでしょうか。これは以前共同研究させていただいたエリック・ジョンソンらによって実際に行われた行動経済学の実験です。

グループAにはAの保険を勧め、グループBにはBの保険を勧め、それぞれいくら払うか聞きました。すると、グループAの人たちは「12ドルまでなら出す」と答え、グループBの人たちは「14ドル」と答えました——。つまりBの保険のほうが15%ほど高くてもいいという判断だったのです。

しかし、よく考えれば、テロ事件に巻き込まれるよりも飛行機の故障や悪天候に巻き込まれる確率のほうがはるかに高いですし、そもそも「A」は「どんな理由であっても」カバーされているのですから、その中に「テロ行為」も含まれます。合理的に考えると、「A」により多くのお金を払うべきです。

それなのにBに高い値段がついたのは、「テロ行為」という言葉が、鮮明に意識され、人の感情を動かしたからです（日本は安全ですので、ピンとこない方もいるかもしれませんが、アメリカや海外ではより「テロ行為」に恐怖を感じる人が多くなります。日本の方だと「大地震」という言葉に感情が動かされる方もいらっしゃるのではないでしょうか）。

このように、「感情」は人に非合理な判断をさせます。まずは、「感情」の基本となる「アフェクト」から見ていきましょう。

――喜怒哀楽より、〝淡い感情〟が人の判断に影響する

先ほど第3章の概要でもご説明したように、行動経済学で言う「感情」には、皆さんが想像するであろう「喜怒哀楽」と、淡い感情のアフェクトがあります。「喜怒哀楽」のようなはっきりとした感情を行動経済学では「ディスクリートエモーション（Discrete Emotion）（以下エモーション）」と言います。

しかし、大きな仕事で成功した、失恋した、友人が亡くなった、考えられないほど無礼

なことをされたなど、大きな出来事を受けて湧き起こるものだけが「感情」ではありません。実は私たちは「喜怒哀楽」ほどははっきりとしない「淡い感情」を頻繁に抱きます。例えば、「ハンバーガーが好き」という人がメガバーガーを目の前にしたら、「おっ」とちょっと気分が上がる。タバコが苦手な人は「タバコ」と聞いただけで、ちょっと嫌な感じがする。このようなほんの一瞬よぎる微妙な感情を、行動経済学では「アフェクト」と呼んで、「エモーション」とは分けて考えます。

というのも、人は頻繁に「はっきりとした感情」を抱くわけではないし、むしろ日々の生活の中で「淡い感情」を抱く機会のほうが多いからです。ですから、感情が意思決定に与える影響を考える際には、より影響を与える頻度の高い「アフェクト」を理解する必要があるのです。

ちなみに、このアフェクトに動かされて非合理になり得ることを、私の恩師であるオレゴン大学の意思決定心理学者ポール・スロビックらは「アフェクト・ヒューリスティック(Affect Heuristic)」と名付けました。自分が感じるアフェクトを「認知の近道」の目安として使うヒューリスティックということです。

カーネマンによれば、「過去数十年間のヒューリスティックの研究においておそらく最も重要な発展」だそうです。ノーベル賞を受賞したカーネマンの言葉だけに重みがあります。

アフェクトは非合理な意思決定の原因となり得ますが、人間に必要だからこそ備わっているという側面もあります。私たちは日々、無数の判断にさらされますが、それらをすべて熟考していたら、とてもではありませんが対応できません。しかし、この淡い感情を感じることによって、アフェクトを「認知の近道」の目安として使い、瞬時に行動に移すことができるのです。

同様に、ネガティブ・アフェクトも必要があって備わったのです。このアフェクトがあることで、いろいろな物事を時間をかけずに時間短縮で効率よく決めることができるのです。しかし、自動的かつ無意識な意思決定に影響を与えているので、逆に言うと非合理的になってしまうこともあります。


では、この「アフェクト」がどれほど非合理な意思決定を生むのか。一つ実験を紹介しましょう。

カリフォルニア大学サンディエゴ校のピオトル・ウインキルマンの実験では、被験者に100分の1秒間、「笑っている人の顔」「怒っている人の顔」「(人とは無関係の)図形」の写真を見せ、それぞれの写真の直後に、被験者には読めない楔形文字(メソポタミア文明で使われていた古代文字）を2秒ずつ、次々と見せます。100分の1秒は短すぎるので、被験者は写真を見たことに気づかず、「いろんな文字（楔形文字）を見た」とだけ思っています。

その後、被験者にそれぞれの文字についてどう思うか尋ねたところ、笑顔の写真の直後に見た文字に対して、「好き」と好印象を抱いた被験者が多いとわかったのです。

母国語でしたら、「文字」に対してある程度の印象を持っているのは普通です。しかし、見せていたのは被験者が全く見たことのない古代文字。本来なら、何の印象も持つはずはありません。しかも、「人の表情」と「文字」とは全くの無関係なものです。

しかし、それでも人の判断に影響を及ぼすのが「アフェクト」の力です。人の笑顔を見た一瞬のうちに心に浮かぶちょっとした感情（アフェクト）が、全く関係もなく、意味もわからない文字を潜在的に「好き」とまで言わせてしまう。こんなに非合理なことはありません。

アフェクトは潜在意識に働きかけるので気がつきにくいですが、とても大きな影響があるとわかります。

この章では、アフェクト・ヒューリスティックも含め、包括的な意味でのアフェクトについて話したいと思います。

――人が持つ「アフェクト」を理解せよ

アフェクトはさまざまなシーンで意思決定に影響を及ぼしています。

例えば、最近、次々と実用化されているのがＡＩの活用です。ここ数年、クライアントからも、ＡＩに関連する要望が増えてきました。ＡＩのような自分が体験したことのない未知の技術を人はどう捉えるのかという問題についても、アフェクトの考え方が役に立つでしょう。

中でも話題の「自動運転の車は安全か？」という問いについて、大抵の人は「自動運転」の知識に基づいて安全性を検証し、「イエス・ノー」を決めているわけではありません。自動運転についてなんとなく好意的ならイエス、ちょっと疑わしいならノー。つまり判断基準は「思考」ではなく「感情」です。しかも、本当にちょっとした感情、すなわち「アフェクト」です。

だからこそ人を動かしたいなら、合理的な「最新の技術がどう」「スペックがどう」といったことを提示するだけでなく、「アフェクト」に訴える必要があるのです。

例えば、人に何かを受け入れてもらいたければ、相手の「アフェクト」がどんなものかを意識し、理解することが大事です。

「我が社の自動運転車の安全性はこのデータから証明されています」と合理的な資料を出すだけでなく、相手の自動運転車についてのアフェクトはポジティブかネガティブか、そこを知ってアプローチしたほうが効果的です。

「危なそう、無理そう、大変そう」という漠然としたネガティブ・アフェクトが決め手となるので、一見、関係なさそうでもアフェクトを誘引しそうな言動は避けたほうがいいでしょう。

色にもアフェクトを喚起する効果があります。もし、私のクライアントが自動運転の車を販売するなら、「赤いボディは避けたほうがいい」とアドバイスすると思います。「赤＝危険、リスク」という無意識な関連づけがあるためです。それよりもクリーンなイメージを想起させる白色が望ましいでしょう。アメリカにおける自動運転の王道はテスラですが、白色の車体を見かけることが多いのは、行動経済学的に納得がいきます。

また、合理的判断が求められるような職業であっても、常に「アフェクト」が意思決定に影響していることを示す実験があります。精神科の医師を集めて、「患者Aさんはもう退院してよいかどうか」を決めてもらった実験です。

しかし、ただ単に決めてもらったわけではなく、医師たちを2グループに分けて、それぞれに以下の違った表現で質問をしました。

【グループ1への質問】
「これまでのデータを見ると、Aさんと同じ症状の患者100人のうち20人が、他者に暴力を振るったと推定される」

【グループ2への質問】
「これまでのデータを見ると、Aさんと同じ症状の患者の20％が、他者に暴力を振るったと推定される」

よく見ていただくと、2つの質問は表現が違うだけで、内容は全く同じです。しかし、医師たちの判断にははっきりとした違いが出ました。

「100人のうち20人」と聞いたグループ1の医師たちは41％が退院を拒否。一方で、「20％」と聞いたグループ2の医師たちで退院拒否したのは約半分の21％でした。「20％の患者」と比率で言われてもあまりぱっとイメージが湧きませんが、「20人」という具体的な数字が「実際に暴力を振るう人間のイメージ」を喚起させ、医師たちの中にネガティブな「アフェクト」を生み出したのです。

もし人間が合理的な存在なのであれば、表現が変わっただけで意思決定が変わったりなどしません。しかし、この例からもわかる通り、フレーミングによるこのネガティブなアフェクトが、医師たちの判断を非合理にしたのです。

データに基づいた冷静な判断を訓練されているはずの医師でも「アフェクト」で動くのですから、一般のビジネスパーソンはなおさら注意が必要です。

また、アフェクトがどう人助けに影響しているかの研究もあります。私たちは、助けを求めている相手や状況に対する気持ちが強いほど、助けたいと思うからです。ここまでは納得の結果だと思います。

しかし、私が大学院時代にスロビックらとしたアフェクトの研究では、以下のグループを比較した調査により、これがプライミングによってでも起こることを示しました。

被験者は、3つのいずれかのグループに振り分けられました。

- グループ1（アフェクト・プライミング）：特定の人や物に対する気持ちを書く
- グループ2（アナリティカル・プライミング）：簡単な計算をする
- グループ3：特に指示なし

実験結果によると、アフェクト・プライミングを受けたグループ1の人は、グループ3に比べて、2割ほど多く、プライミングと全く関係ない人の人助けをする傾向がありました。つまり、人に助けを求めるときには、「今日の調子はどう？」「晴天で気持ちいいですね」など、アフェクトに関する会話をしてからのほうが、お願いを聞いてもらえる可能性が高いのです。反対に、決算やデータ解析など、アナリティカルな仕事をしている最中にお願いごとをしても聞いてもらえる可能性は低いでしょう。

また、お願いをされた人は、「助けないと後悔しそう」と感じたりするのを回避するためにお願いを聞いてあげる。または、困っている人の人助けをしてあげることによって感じられるポジティブ・アフェクトのために助けを聞いてあげるという結果が出ました。

特に、共感したり同情したりできる相手には、ただ最低限の助けを聞いてあげるだけではなく、より多くの助けを差し伸べる傾向があります。

――アントニオ・ダマシオと「感情のマーカー」

では、この「アフェクト」はどのようにして生み出されているのでしょうか。

著名な神経学者のアントニオ・ダマシオは、脳のどの部分の働きが意識や感情を司るのか追究する中で、「脳は経験によって〝色分けされる〟」と考えました。

例えば、犬を見ると思わず微笑む人は、子どもの頃に犬と遊んで楽しかった経験があり、それで脳に「ポジティブ感情のマーカー」が塗られている。逆に犬を見るだけで警戒心を抱く人は、「犬は噛みつくかもしれない」と母に繰り返し言われて育ったために、脳のその部分に「ネガティブ感情のマーカー」が塗られている。

その人がそれまでの人生で蓄積した微々たる感情のマーカーが、その人の「アフェクト」を作っているのです。

私はアフェクトがどんなものか説明する際、コーヒー、ハンバーガー、かわいい動物、または爬虫類やクモなどの写真を見せて、「どう感じるか」を体験してもらいます。大喜びでもなく涙が流れるわけでもない「淡い感情」のアフェクトは瞬時に経験でき、それがポジティブかネガティブかがすぐにわかります。

微々たるアフェクトでもかなり意思決定が左右されるので、自分でも普段仕事に関わっている単語を思い浮かべ試してみてください。ポジティブならば、やる気が出て早く取りかかると思います。

一方、ネガティブならば、憂鬱な気分になって、できるだけ後回しにしようとするでしょう。このように、アフェクトが意思決定に作用し、実際の行動にまで影響していることを実感できると思います。

──アフェクトはネット上でも伝染した!

一緒にいる人が楽しそうだと自分も楽しくなり、悲しそうだと悲しくなる。釣られて笑ったり、もらい泣きをしたり。こうした感覚は経験値として理解できると思います。

しかし、アフェクトが意思決定に影響するのは、リアルの場だけではありません。感情はネット上でもあなたに大きな影響を及ぼします。

この実験をしたのはメタのソフトウェアエンジニアのアダム・クレイマーです。クレイマーはフェイスブックのユーザー68万9000人を対象に、ニュースフィードに表示される投稿が感情にどの程度影響するかを調査。まずユーザーを3グループに分け、タイムラインに流れてくる友だちの投稿を操作しました。

* グループ1のタイムライン：友だちの「ポジティブな投稿」が表示されないよう操作
* グループ2のタイムライン：友だちの「ネガティブな投稿」が表示されないよう操作
* グループ3のタイムライン：何も操作しない

すると、これらを見たユーザーの行動に明確な違いが現れました。

グループ1のタイムラインにはポジティブな投稿がなくなり、ネガティブな投稿が目につくようになったことから、それを見たユーザー自身もネガティブな投稿をすることが増えました。

一方、グループ2のタイムラインにはネガティブな投稿がなくなり、ポジティブな投稿が目につくようになったことから、それを見たユーザー自身もポジティブな投稿をすることが増えました。

フェイスブック上で友だちが表した感情が、自分の感情に影響を与える——。つまりSNSを介して大規模な「感情の伝染」が起こると証明され、大きな話題になりました。表情やしぐさ、声のトーンといった非言語的なやりとりなしでも、感情は伝わる。「今、お気に入りのカフェにいるよ」という他人のポジティブな投稿を見るだけでも、それが自分をポジティブにする。それほど感情は「伝染しやすい」のです。

またのちほど詳しく説明しますが、感情は仕事の効率にも影響し、上司であれば部下やチームの人たちのパフォーマンスにも影響を与えます。怒ったり不機嫌な顔を見せたりするのは言語道断として、ちょっとしたイライラでも伝わってしまうのですから、もっと注意深くなるべきです。

自分の感情を正確に理解・管理し、「どう表現するか・表現しないか」をシステム2で決めていくのも重要な仕事の一つと言えます。

「ポジティブな感情」は人の判断にどう影響するか？

さて、前節では「感情」の章の最も基本となる「アフェクト」について学びました。このアフェクトには「ポジティブなアフェクト」と「ネガティブなアフェクト」があると紹介しましたが、この第2節ではそのうち「ポジティブなアフェクト」に注目して、さまざまな理論を見ていきたいと思います。

――「拡張‐形成理論」――ポジティブ・アフェクトは、こんなにも業績を上げる

まずは、ポジティブなアフェクトのポジティブな影響について見ていきます。

ポジティブな感情は、将来的に幸せになる上昇スパイラルの引き金となる――。これは

理想論ではなく研究論文で、ノースカロライナ大学の心理学者バーバラ・フレデリクソンが「拡張 - 形成理論（Broaden and Build Theory）」として最初に発表し、現在までに2万件以上の引用がされています。基本的に、ポジティブな感情は視野や思考の幅を広め、ストレスによる身体と心の不調を整えてくれます。そればかりか、打たれ強くなり、レジリエンス（精神的な回復力）も身についていきます。能力・活力・意欲が高まり、人脈や活動の範囲が広がります。

つまり、ポジティブな感情は仕事の効率も質も上げ、心身のストレスを軽減させることができるのです。

個々人への影響もそうですが、その成果が積み重なり企業・経済レベルで違いが生まれると考えると、決して軽視できるものではありません。

しかし、そもそも「感情によって変化をしている」という時点で、伝統的な経済学からしてみれば実は非常に非合理なことなのです。この「感情」による経済への影響が見過ごされているからこそ、従来の経済学には実際の経済（ビジネス）は理解できなかったわけです。

アフェクトは、淡く微かな感情なので多くの人は無意識です。しかし、行動経済学を理解している私の周りのビジネスエリートは自分自身と他人のアフェクトに敏感で、それを意図的かつ有効に使っています。いわば「メタ認知」で、自分の感情を自覚し、客観的に捉えているからこそできることです。

楽しかった家族旅行の写真を仕事場のデスクに飾る、使いやすい上質なペンで契約書にサインする、いいイメージを思い浮かべるなどしていい気分になり、クリエイティビティを上げる。あるいはストレスの多い会議の後、温かい飲み物を飲んでホッとする。いずれも「すぐにできるポジティブ・アフェクトの活用法」です。

アフェクトは淡いものなのですぐに消えますが、逆に言えばすぐに生み出せます。強い感情（エモーション）だと喜ぶために大成功しなければなりませんが、淡い感情（アフェクト）であれば、大好きなコーヒーを飲むだけでもふっと浮かぶ——。つまり活用しやすいと言えます。

それだけではなく、「より現実的にビジネスに役立つ感情」として、また「実際に経済を動かしている感情の正体」として、私は以前からポジティブ・アフェクトに注目し、博士課程の卒業論文も含め研究してきました。

アメリカでは今、グレート・レジグネーション（大量離職）が起きており、「ハッピーでなければ辞めます」という考えが浸透してきました。ポスト・コロナで働き方や価値観が変化し、「辞職する」まではいかなくても、仕事だけにフルでコミットメントする時代ではなくなってきました。だからこそビジネスエリートにはポジティブ・アフェクトをビジネスに活用する責任があります。なぜなら多くの優秀な人には部下がいて、部下がどう働くかは上司にかかっているからです。チームの管理責任がある上司である以上、部下を含め、周りの人が楽しんで仕事をできるようにすることが重要な務めなのです。


「部下が成果を出せるかは上司の責任」

「楽しんでやれる仕事でなければ、上手くなれない」


これは私の哲学であり、口癖でもあります。もちろん、責任のある仕事をしている社会人ならば、100%常に楽しいことばかりではないでしょう。しかし、総合的に見て、「楽しい仕事」と思えなければ、成果は上がりません。

だからこそ、部下のアフェクトには注意を払い、前述したように選択を任せたり、権限を与えたり、やりたいと思うことはやらせたりするようにしています。

なぜなら「上司に信用されている、任せてもらっている」と感じた部下は、ポジティブ・アフェクトが高まり、自己肯定感も上がるからです。そうすると注意力、思考力が高まり、コミットメントが強くなり、何より一番うれしいことに成長します。

仕事の質が上がれば業績も自然に上がります。ポジティブ・アフェクトを積極的に取り入れることは仕事の一部、いや、重要な仕事そのものです。

タブレットを使うと、「心理的所有感」で買いすぎちゃうかも

実際は所有していなくても「自分のものだ」と思うと行動が変わってくる、「心理的所有感（Psychological Ownership）」もポジティブ・アフェクトと重要な関わりがあります。

例えば、従業員はオーナーでも大株主でもないので、会社の所有者ではありません。それでも「ここは自分がいるべき会社だ、これは自分がやりたい仕事だ」という心理的所有感を持つと、仕事へのポジティブ・アフェクトが高まり、熱心に働くことがわかっています。また、ハーバード大学ビジネススクールのフランチェスカ・ジーノらの調査によると、会社への心理的所有感が高い従業員は、そうでない従業員よりも、3割ほど多くの人が、進んで頼まれごとを聞くという結果になっています。

自分の役割や居場所が確保されたように感じ、組織の一員であることに自尊心を抱き、仕事の満足度も上がる。また同僚のサポートまで積極的にするのですから、成果が出るの

も不思議ではありません。

心理的所有感に関連している理論で、「保有効果（Endowment Effect）」があります。ネットオークションがアメリカでも日本でも人気ですが、皆さんも自分のものを売ろうとするとき、つい値付を高くした経験があるのではないでしょうか？　これが「仮に他人には無価値でも、自分のものは価値がある」と思う保有効果です。

保有効果に関連して、最近、面白いことがわかりました。

被験者を2グループに分け、グループAはiPadのようなタッチパネルで、グループBは通常のパソコンで、セーターや市内観光のチケットなどのオンラインショッピングをしてもらいます。それらの商品にいくらまで払うか聞いた後、「他の人があなたがさっき手に入れた商品がほしいと言っています。あなたはいくらでなら売ってもよいですか？」という質問をしました。

その結果、売ってもよい値段は市内観光のチケットにはあまり影響がありませんでした。しかしセーターの場合、通常のパソコンでクリックするよりも、タッチパネルで操作したほうが、より高い金額を求めることがわかりました。

画面上のセーターのアイコンに指で物理的に触れることで、その商品に対して「自分のもの」という感覚が高まり、ついつい金銭的価値が上がったと思ってしまう。しかし市内観光のチケットだと、リアルの世界でも指で触れるということがないため、あまり影響がなかったのです。スマートフォンでネットショッピングをしていたら「ついたくさん衣料品やアクセサリーを買ってしまった」という人は、この影響を受けている可能性があります。

保有効果は、日常的なことだけではなく、「会社を売る」などの大きなビジネスに関わることにも影響します。

私の友人で、ＪＰモルガンの行動科学部門長を務めるジェフ・クライスラーは、クライアントの遺産相続の相談を受ける機会がありました。故人となったクライアントが残したのは、資産数十億円相当の会社。子どもたちは事業に全く関わっていなかったので、会社どころか業界についての知識もなく、自分たちで経営するのは難しいとのことでした。しかし、父親が苦労して創業し、経営してきた会社を一度紙面上でも相続してしまったので手放せない――こう着状態に陥ったとき、ジェフは保有効果について説明しました。このことでクライアントの子どもたちは自分のバイアスを理解し、自分の不合理さに気づき、結局、会社は適切な相手に売却することになったそうです。

「ネガティブな感情」は人の判断にどう影響するか？

ポジティブなアフェクトを見てきたところで、次にネガティブなアフェクトを見ていきましょう。ポジティブな感情でも見てきたように、同じくネガティブな感情によっても、私たちは行動が変わります。これも非常に非合理的です。

ビジネスパーソンであれば、感情的になって怒鳴る、泣く、キレるというのはまずあり得ない振る舞いだと心得ている人がほとんどでしょう。その意味で、起伏の激しいネガティブな「エモーション」を自覚している人は多いでしょう。

しかし、「エモーション」はそう何度も頻繁に起こる感情ではありません。それよりも、頻繁に起こって人間の判断に影響を与えるのはマイナスの淡い感情「ネガティブ・アフェクト」です。恩師であり、オレゴン大学の教授で、アフェクトについて50本以上の実験論文を出しているエレン・ピータースによると、「人間は常にアフェクトを感じ、それが絶えず意思決定に影響していると言っても過言ではない」とのことです。

あなたも感じたことがあるのではないでしょうか。「なんとなく、この仕事気乗りしないなぁ」という感情。そのせいで、いつまでもその仕事に取りかかれない。

また、あなたの周りに、なんとなく不機嫌なムードを発している人、不安なのか反応が薄い人、集中力がなくて立ったり座ったりしている人はいないでしょうか。こういった人も、ネガティブなアフェクトに自覚していない人です。

このように、むしろ私たちの意思決定に頻繁に影響を与えているのは、起伏の激しいエモーションではなく、ネガティブ・アフェクトのほうだったりします。ここでは、そんな人を取り巻くネガティブなアフェクトが、人間の非合理な意思決定にどう関わっているか、見ていきましょう。

――「ネガティブ・アフェクト」は人類の敵か味方か？

すでにお伝えした通り、感情は本来、進化論的には有用なもので、心理学では怒りや恐怖というネガティブな感情を「闘争・逃走本能」と関連づけています。昔むかし、茂みの中にクマがいたと察したときの恐怖や不安は、「逃げろ！」というサイン。生命維持の行動につながる有用な感情でした。

人間が進化していくにつれて、そのような危険な状況は激減したにもかかわらず、感情は今もなお頻繁に生じます。そしてそれはいろいろな行動に悪影響があるとわかっています。

ですから私は、ネガティブな自分の感情も理解し、できるだけ有効活用するという考え方をします。

ビジネスにも役立つ研究として知られるのが「認知的再評価（Cognitive Reappraisal)」。自分が抱いている漠然とした感情に目を向け、理解し、再評価し、もっと役立てるというものです。

ネガティブ・アフェクトは、言ってみれば「脳の中の小さな不安や不満」です。小声でつぶやかれているので注意しないと聞き取れませんが、放っておくと大きくなってしまいます。

そこでまず、脳の中のアフェクトに注意を払うクセをつけ、「脳の中にネガティブ・アフェクトがある」と気がつくようにする。次にそれを認めます。例えば「不安だな」と気がついたら、「不安だ」と声に出して言うのもいいでしょう。そして、「なぜ不安なんだろう？原因はなんだろう？」と考えます。「来週から始まる責任のあるプロジェクトに自信がないからだ」と原因がわかるだけで落ち着くでしょう。

また、そのことを再評価し、「あのような責任のあるプロジェクトを任されるなんて、期待されている証拠だ。これからも頑張ろう」と、ポジティブなアフェクトに変えることもできます。さらに、仕事でミスをして落ち込んでしまっているときにも、「なんであんなミスをしてしまったのか」とずるずる悩むよりも、「いい勉強になった。次はもう大丈夫だ」と再評価するとネガティブ・アフェクトが減少するという研究結果も出ています。

前述の拡張‐形成理論でも話したように、ネガティブな感情は心身に深刻な不調をもたらす害となりますので、ただ抑圧するのではなく、きちんと向き合い自分に合うような上手い付き合い方を考えるとよいでしょう。

成功している人と自分を比べて、嫉妬したり自信をなくしたりしたことは、誰しもあるでしょう。「人と比べずに自分の道を歩むべきだ」という考えもありますが、前述のように行動経済学の研究によって、人間は大抵のことを「比較」によって理解していることがわかっています。

脳は一つの情報を単独で理解するのではなく、周りにある情報と比べながら認知しているのですから、「比べてしまうのが人間のデフォルト」と言えます。

問題は、比べたことで生じてしまうネガティブな感情です。嫉妬や落ち込みを排除するには、どうすればいいでしょうか？

人と比べて「劣っている」と感じた悔しさをモチベーションに変えて、もっと頑張る方法が一つ。「○○さんのようにもっと営業業績を上げよう」とポジティブフレーミングで考えたり、「○○さんに負けたくないから頑張ろう」とネガティブフレーミングで考えたりできます。また、「○○さんに負けたらどうしよう」という不安が努力の原動力になることはよく知られています。

もう一つは、比較の対象を変えることです。例えば成功している人と比べるのではなく、5年前の自分と比べて、どれだけ成長したかを具体的に挙げていくのもいいでしょう。また、社会経験すべてが新しいこととなる新入社員が頑張って勉強しているのを見て、「自分も新人の頃はああだったけれど、今は違う。それは努力し、成長してきたからだ」と自分を認めてあげるのも良いでしょう。

2分間のスピーチを最高のスピーチに変えたもの

実際、アリソン・ブルックスの実験を見ると、ネガティブな感情は「認知的再評価」によって効果的なものに変えられるとわかります。

実験の被験者はまず、2分間スピーチをするよう求められます。テーマは、「自分はいかに仕事ができるか」。「私は優秀です。周りの同僚とも協力的で、会社に貢献しています」と、説得力のある話をしなければならず、結構なプレッシャーです。

この実験はなかなかシビアで、人前で発表するだけでも緊張するのに、「スピーチは録画してから採点します」とさらに不安が増す条件があります。

被験者たちは2つのグループに分けられ、スピーチを始める前に声に出して次のようにつぶやくよう指示されました。

・グループ1「私はワクワクしている」
・グループ2「私は平常心で落ち着いている」

実験の結果、「自分は有能な社員だ」と自信たっぷりのスピーチができ、好評価を得たのは、グループ1でした。

不安や緊張というネガティブな感情は簡単に消えるものではなく、下手に「あがってなんかいない。私は大丈夫だ」と抑え込もうとすると逆効果になります。それゆえにネガティブ・アフェクトを認識し、その上で「やる気」などのポジティブ・アフェクトに変換するというグループ1の方法が良いという結論です。

類似の研究はいくつかあります。数学が苦手と感じる人が多いアメリカで、難しい数学の課題を与えられた際、

・グループ1 「冷静に落ち着いて取り組んでください」と指示される
・グループ2 「チャレンジだから、ワクワクと楽しんでやってください」と言われる
・グループ3 何も言葉をかけられずに問題に取り組む

の3グループの課題の正解率を見ると、グループ2は他のグループよりも22％も高くなっていました。

このように、ネガティブ・アフェクトは無視したり、抑え込んだりするほど悪影響になる可能性があるので、緊張していることを受け入れて、それを「ワクワク」だと捉え直すといいでしょう。

〝すぐやめよう〟で、ネガティブ・アフェクト・モード脱出！

何か仕事や運動を始めるとき、きちんと目標を立てたのはいいのですが、なんだか「嫌だなあ、無理そうだ」とネガティブ・アフェクトが湧いてきたこともあるのではないでしょうか？　そういうことが起きやすいときには、「あえて目標を立てず、すぐにやめるつもりで」始めることをおすすめします。

企画書作成、運動、勉強は、「5分だけやろう」と目標もなしにとりあえずやり始める。なぜなら最初から「今日の午前中、1時間は集中して企画書を書こう」と目標を立てると、すぐにネガティブ・アフェクトが入ってきて気乗りしないためです。「嫌だなあ、無理そうだ」と。それにより、「あ、明日のアポの準備をしなければいけないから、今日は時間ないかな」と始める前から言い訳を考えてしまいます。

ネガティブ・アフェクトが入り込む間もなく、とりあえず始めることによって、小さな成果が出ます。そうすると、自分の中にポジティブ・アフェクトが生まれます。「始めた」というだけで成果ですし、たった5分の努力でも小さな達成感が出てきます。また、いったん始めると現状維持効果が働いて、継続できます。

いわゆる「小さなゴール」も効果的で、ゴールを少しずつ大きくしていくのもいいでしょう。私は運動の際にこの方法を実践しており、絶対に目標を立てずにとりあえずエクササイズバイクに乗ってしまいます。乗ったら「5―10分頑張ろう」、実際に10分過ぎたら「せっかくだから20分やろう、有酸素運動で脂肪が燃焼し始めるにはそのくらいやらないと」と、少しずつ小さな目標を立てることにしています。

20分継続したらそれを30分にするのは簡単で、Apple Watchを見て「75キロカロリー燃焼した」とあれば「成果が出ている」と感じて、またポジティブ・アフェクトが生まれます。そこで「Apple Watchで100キロカロリー燃焼、と出るまでやろう」とゴールを大きくします。このように脳を騙しながらやっていくと、いつの間にか「たっぷり1時間運動できた」となるのです。

もちろん、睡眠不足だったりと、どうしても気乗りしない日はあります。そういう日は潔くすぐやめます。それは、「エクササイズバイク＝つらい」というネガティブ・アフェクトを生み出さないためです。

ネガティブ・アフェクトを生み出さないだけではなく、ポジティブなアフェクトを生み出すのも、習慣化するには大切です。しかし、それはお金でも、モノでもなく、「頑張って運動できた！　なんて自分は偉いんだ！」と自分で自分を褒めること。それによって生まれるポジティブ・アフェクトが、何よりのご褒美となることはいくつかの実験でも示されています。

stickk.comの、嫌いな団体に寄付するサービス

この節の最後にもう一つ、ネガティブなアフェクトを逆手に取って、自分の行動に良い影響を与える例を紹介しておきます。

例えば、アメリカの行動経済学に精通している者の間では「新年の抱負は人に話したほうがいい」と認識されています。なぜかわかりますか？

人に抱負を話すと、「宣言してしまった。達成できなかったらどうしよう……」とそんな不安が湧いてきます。

過度なプレッシャーは良くないことがわかっていますが、この例のような適度なネガティブ・アフェクトはむしろプラスに働くことがわかっています。適度であることで、「後で恥をかいてしまうかもしれない」という状況を避けようとして、むしろ達成率が高くなるのです。また、実際達成したときには、周りの人からも認めてもらってポジティブ・アフェクトが得られます。

さて、このネガティブ・アフェクトを利用した、面白いインターネットサービスがあります。

自分が立てた目標を達成できなかった場合、あなたが最も嫌いな団体や組織に寄付しなければならないとなったらどうしますか？　アメリカで言えば、政治的な考えが反対の慈善団体など、自分が普段応援している団体の競争相手となる団体にお金を入れなければならない場合などが考えられます。

それが、２００７年に設立されたstickK.comです。このサイトでは、ユーザーは自分のお金をいくら支払うか決め、達成したい目標をエンターします。

そして、それが達成できなかった場合にお金がどうなるかについても選びます（例：気に入らない慈善団体に寄付するなど）。期間内にユーザーが目標を達成すれば、お金を取り戻すことができます。しかし達成できなければ、そのお金は事前に決めてある、ユーザーが嫌悪している慈善団体に寄付されます。

「自分の大切なお金を失う」、「しかも気に入らない団体の下に入る」ことによるネガティブ・アフェクト回避のため、モチベーションが上がり目標を達成しやすいのです。

これも、どう自分のネガティブ・アフェクトとポジティブ・アフェクトをうまく使っていくかの例です。

感情が「お金の使い方」にも影響を与える

さて、ここまで人間の非合理な意思決定に大きく影響を与える「アフェクト」を学び、そして、アフェクトにはポジティブなものとネガティブなものがあることを紹介してきました。

これらアフェクトは、人のさまざまな「非合理な行動」を作り出しますが、その中でも「お金の使い方」について特徴的な行動を引き起こすことがあります。

あなたも経験があるでしょう。例えば、「気分が落ち込んだときに、ついお金を使いすぎてしまった」。もし人間が合理的な存在であれば、感情に任せてこのような散財をするようなことはしません。しかし、私たちはそのときの感情によって、「非合理なお金の使い方」をします。

そして、そんな「非合理なお金の使い方」をする人間の集まりが経済（ビジネス）ですから、当然、経済も感情によって動かされる非合理な存在なのです。
ここでは、感情がどのように人の「お金の使い方」に影響を与えるか、見ていきましょう。

――アマゾンは「キャッシュレス効果」であなたを麻痺させる

先ほど、ネットショッピングではタッチパネルで買うほうがより商品を魅力的に思ってしまう「保有効果」を紹介しました。感情が「お金の使い方」に与える影響の例でもあります。

つまり、買う前の商品に対しては、「自分のもの」というアフェクトを持たないほうがいいわけですが、「お金そのもの」に対しては、「自分のもの」というアフェクトを持ったほうが無駄遣いはなくなります。また関連して、現金で決算するかキャッシュレスかという違いもお金の使い方に影響を与えます。

日本でも急激にキャッシュレス化が進み、消費者庁の発表によれば、普及率は2019年12月の54・2%から2022年2月には64・0%に増加しています。日本でもこれほど進んでいますが、アメリカはもはやほとんどの人が現金を使わない社会で、カードかスマホアプリで支払う習慣がすっかり定着しています。

しかし、行動経済学では、キャッシュレスの人のほうがお金を使いすぎてしまうことがわかっています。なぜなら、キャッシュレスだとお金の決済の際の「透明性が低い」ということで、「お金を使ってしまった」という心理的痛み（Pain of Paying）を感じにくいからです。また、いくら使ったという感覚も低く、「いっぱいお金を使ってしまった」ということに対するネガティブ・アフェクトも生まれにくくなってしまい、結果、簡単に使ってしまうのです。

逆に、現金の決済のほうが透明性が高い、つまり、リアルで目の前の商品に対する現金を手渡しすることにより、「どれだけどのように使ったか」という感覚が強くなるので、ネガティブ・アフェクトが生まれやすく、無駄遣いをしなくなります。

アマゾンなどのネットショッピングは、まさにカード決済で、しかも、ワンクリックで購入が完結する。買いたい商品に対するポジティブ・アフェクトに導かれるまま、麻痺したような経済感覚での買い物となりがちです。またお金を使った感覚が薄いので、「無駄遣いしてしまった」というネガティブ・アフェクトも感じることが少なく、ついつい続けて無駄遣いしてしまいがちです。

もちろん、カードやアプリは安全性、利便性に優れていますから、使い分けるのも一案です。例えば健康や教育など、「自己投資として使ったほうがいいお金」はカードで支払う。なぜなら手渡しする現金では、「払うことの痛み」をもっと身近に経験し、使うのを惜しんでしまうからです。あなたが「ここにはお金をかけるべき」と考えているものには、（もちろん予算内で）あえてカードを使うのも一つの選択です。

逆にスターバックスのラテのような「ちょっとした楽しみ・贅沢」は、現金で支払う。コーヒーの香りに対するポジティブ・アフェクトに釣られてついつい気がつかずに無駄遣いするのではなく、現金を数え、手渡しすることで、「お金を使った」という感覚を高められることになります。また、より意識的に購入することによって、「それだけの大切なお金をはたいている」ということから、その楽しみや贅沢の幸せをより強く実感することができます。

――なぜ〝$20.00〟より〝20.00〟のほうが売れるのか？

お金との心理的距離について、さらに面白い実験を紹介しましょう。レストランで2通りのメニューを用意しました。

・Aには「〇〇〇　$20.00」と各料理に「$＋金額」を表示
・Bには「〇〇〇　20.00」と各料理に「金額のみ」を表示

違うのは「$」の表示があるかないかだけ。メニューのデザインや、料理の種類など、その他の条件はすべて同じです。

結果、Bのメニューを受け取ったお客さんのほうが大幅に消費額が増大しました。「$」という表示がないことで、頭では金額とわかっていますが、「お金を払う」という行動が心理的に響かず、簡単にお金を使ってしまったのです。

日本でも外資系ホテルや高級レストランでは、「２０００円」とせず「２０００」というように、算用数字のみのメニューを置いているところがあります。

自分が売り手側で売上を伸ばしたいなら「２０００」と数字のみの表示にし、買い手側で節約をしたいとき、もし「２０００」という表示になっているメニューを見たら、慎重になったほうがいいでしょう。

また、アプリ決済やｅコマースではポイント制度も盛んですが、ここにも透明性を下げる「キャッシュレス・エフェクト」という企業側の戦略があります。例えば「いつでも返品ＯＫ」というサイトは、お金ではなくポイントで返金され、「ポイント＝お金」という感覚が薄らぐので、貯まったポイントを気軽に使いがちです。

カジノやゲームセンターでは現金をコインに替えて遊ぶのも同じ理由で、お金を溶かす仕組みがあちこちに潜んでいるのです。

――「目標勾配効果」――貯めたくなるスタンプカードの仕組み

キャッシュレスやポイントだけでなく、スタンプカードでも、行動経済学を生かす戦略ができます。

例えば、コーヒーを1杯買うと1つスタンプを押してくれるカードを配っているカフェが、2軒あったとします。

・カフェA：スタンプを10個集めると1杯無料サービス

・カフェB：スタンプを12個集めると1杯無料サービス。ただし、最初からスタンプが2個押されている

考えてみればすぐにわかる通り、どちらも「あと10杯買えば1杯無料になる」という同じサービスです。しかし、お客さんが早くすべてのスタンプを集め終えるのは、カフェBです。

Bはすでに2個スタンプが押してあることで、2個のスタンプを無料でもらえたということに対するポジティブ・アフェクトが生まれます。

また、「目標勾配効果（Goal Gradient Effect）」の影響で、カードにスタンプが押されるのを見るたびに、「こんなに集めた。あともうちょっとだ」とポジティブ・アフェクトが湧き、さらに人を行動に駆り立てるのです。

この例は、一連の仕事をやり始めたときのモチベーションを上げるのにも使えます。例えば、やらなければいけないタスクが20あるとします。タスクを20も書いたのはいいけど、20もあるタスクを見て、なかなか始める気がしません。そこで、あえて最初の2―3件は、

「メール確認」など、とても終えやすいタスクを書きます。その最初の2―3個をすぐクリアできることにより、ちょっとした達成感のようなポジティブ・アフェクトが生まれ、もっと頑張ろうと思えてくるのです。

ただ、真ん中頃の10個以降は進みが遅くなるかもしれません。そういうときは敢えて、残りの10個を別のリストに新しく移し、また一から始めてしまうのも手です。

スタンプカードは「ポジティブ・アフェクト」と「目標勾配」という2つの行動経済学の理論を用いており、今後もアプリやポイントに形を変えて残っていくでしょう。店の売上が上がる、リピーター作りに役立つなどの他、カードを作る際に顧客情報が手に入る場合もあります。

最初に2つスタンプを押したとしても、店側の損失はゼロ。スタンプを押す手間とインク代くらいのものでより効果が上がるのですから、賢い戦略と言えます。

――幸せをお金で買う5つの方法

さて、ここまで感情がいかに人間の「非合理なお金の使い方」を生み出すかを見てきました。

一方で、お金を使うことによって感情が整う、という逆の側面もあるのが人間の面白いところであり、非合理なところです。

この節の最後に、行動経済学の観点から見た「幸せになるお金の使い方」を見ていきましょう。


ブリティッシュコロンビア大学のエリザベス・ダンとハーバード・ビジネス・スクールのダン・ノートンは、行動経済学とお金についてまとめた著書『「幸せをお金で買う」５つの授業』（中経出版）で、幸せになるお金の使い方として５つの原則を挙げています。

1．経験を買う
お金を使う際には服などの物を買うより、旅行に行くなど「経験」にお金をかけるほうが幸福度は上がります。経験は「時間」という、お金以上に価値があるものを費やすことでもあります。家族へのプレゼントや、同僚へのお礼は物にしがちですが、ここは一緒に経験できるものや、好きなイベントへのチケットを贈呈するのもよいでしょう。

2．稀なご褒美にする

お気に入りの香水でもネクタイでも、毎日つけていると慣れてしまい幸福度は下がってきてしまうもの。少し我慢して「特別な日だけ」とか、「気分の下がる月曜だけ」などの制限をかけると、そのときの特別なご褒美になり、好きなものから得られる幸福感が保てます。

3．時間を買う

お金をかけて時間のゆとりができると、幸福度が上がります。例えば多少家賃が高くなっても職場の近くに住めば、通勤でかかる心身のストレスが減ります。また、日本では一般的ではありませんが、アメリカで普及している家事代行サービスを使ってもいいでしょう。料理のデリバリーも手抜きではなく、時間を買うことです。海外出張や海外旅行の際は、価格が多少高くても乗継便より直行便を選んだほうが、「時間を買う」ことになり、幸せなお金の使い方となります。もったいないからとストレスのたまるほうを選び、後でストレスで散財してしまうより、健康的でスマートなお金の使い方でしょう。

4．先払いする

当日チケットより、前売りのチケットを買ってコンサートに行く場合、2つのメリットがあります。一つは「あと1カ月、あと3週間、2週間」と楽しみに待てること。もう一つは実際にコンサートに行く際には払ったお金のことを忘れて、純粋に楽しめること。逆に言えば、「当日高いチケットを買って見に行く」というのは、使ったお金の額が頭の隅で気になって思い切り楽しめなくなることがあります。

5. 人に投資する

自分にお金をかけるより人にお金をかけたほうが、幸福感が上がるというのは、まさに非合理です。しかし、「自分のためにお金を使うグループ」と、「人のためにお金を使うグループ」を集め、それぞれに使った後の幸福度を尋ねる実験では、人にお金を使ったグループのほうが幸福感が上がるという調査結果が出ています。別の実験では、キャンディーを自分のために買った人たちよりも、重い病気で入院している子どもたちに買ったほうが幸福度が上がっていました。

この原則を基に、同じお金を使うなら、自分と周りの人のポジティブ・アフェクトが向上し、もっと幸せになれる賢い使い方ができるといいですね。

「コントロール感」も人の判断に影響を与える

――人は元来、コントロールしたい生き物

すでに述べた通り、人間は「常に自分で意思決定し、行動している。人生をコントロールしている」と考えており、またそうしたいという強い欲求があります。ここでのコントロールできるとは、「自分で決められる」、または「自分がやりたい方向に向くように影響を与えることができる」ということです。

自分の「心理的コントロール」を高めることは、仕事の満足度、幸福度を高める効果があり、また部下の心理的コントロール力の感覚を高めることにより、部下の頑張りやコミットメントを高め、さらに離職の防止にもなります。

しかし実社会では、なかなかすべて自分の思い通りにはいかないもの。つまり、常にコントロール感を感じられるとは限らないのです。

直感的にも、「他人や状況に自分の人生をコントロールされる」というのは嫌だというのはわかると思います。調査でも、「コントロール感」の減少がネガティブな感情を生み出し、そのネガティブな感情が人間の非合理な意思決定や行動に影響を与えていることがわかっています。また、「自分以外のもの（人・状況）にコントロールされている」という感覚はうつ病、ストレス、不安関連障害等と身体的にも悪影響が出ます。

そんな大事なコントロール感をもう少し詳しく見てみましょう。

――南カリフォルニア大学　採血とコントロールの実験

悲しかったりストレスがたまったりすると、買い物をしたくなる――。これも心理的コントロール感を取り戻したいという気持ちの表れです。

人が悲しみを感じるのは、自分以外の人や状況にコントロールされている場合が多くあり、「私は何をやってもダメだ」という無力感に襲われ、「手っ取り早く主導権を取り戻したい」という欲求が強まります。

買い物は、自分の意志で選んだものを、自分の力（お金）で自分のものにできる。つまり簡単に「自分でコントロールしている」と感じられる行動です。

問題は、そうやって買い物をしていたらいくらお金があっても足りないこと。

しかし、ミシガン大学のスコット・リックらの実験によって、「お金を使わなくても気分が良くなる買い物がある」とわかりました。

被験者にネットショッピングのサイトを見せ、気に入った商品を選んでカートに入れてもらいます。決済はしないので、昔のウインドウショッピングのようなものです。

その結果、悲しみを感じていた人は気分が和らいでいるとわかりました。お金を使わずにカートに入れるだけで、「買い物効果」が見られたのです。

ちなみに、怒っている人にも同じ実験をしましたが、架空の買い物では怒りは消えていませんでした。

その理由は、怒りは主に「誰に対して怒っている」とか、「この状況に対して怒っている」と、特定の「人」や「状況」が標的となっているからです。ですから、心理的コントロールを上げる買い物では気持ちが紛れないのだと研究者は分析しています。確かに「あのクライアントは本当にひどい」と怒りを抱えているときに買い物をしても、なかなか怒りは消えないものです。

企業側としては、悲しい人の買い物体験をもっと有効なものにするよう、商品の色を豊富にし、好きな色を選んでもらえるようしたり、またはイニシャルを入れたりなどのカスタマイズを可能にしたりすることも検討するとよいでしょう。顧客の心理的コントロール感をさらに高められ、顧客には喜んでもらえ、Ｗｉｎ－Ｗｉｎの関係になれるでしょう。

他にも「採血」に関する実験があります。

皆さんも、採血をする際、頭では必要な検査とわかっていても、「痛かったらどうしよう」と不安に駆られたことはありませんでしょうか。

南カリフォルニア大学のリチャード・ミルズらの調査では、採血の際、「左右どちらの腕にしますか？」と看護師に聞かれるだけで、このネガティブ・アフェクトが著しく軽減することがわかっています。

今はどの病院でも「どちらの腕にしますか？」と質問されると思いますが、少なくともアメリカでは昔は看護師が決めていました。プロの看護師が、どっちの腕の血管のほうが採血しやすいか判断して決めるので、とても合理的でしょう。

しかし、患者からすれば、ネガティブ・アフェクトの出る採血。必要な検査として、自己意志ではなく「やらされている感」が強く、心理的コントロールが弱いのです。そういう際、自分でどっちの腕から採血するかコントロールできるだけで、不安度が減少し、満足度も上がることが研究でもわかっています。

左右、どちらの腕から採血するかは本当に小さなことですが、それをコントロールできるだけでも、ネガティブ・アフェクトが減少し、人は安心することができるのです。

枠がある薬のパッケージのほうが、「境界効果」で人気獲得！

次ページに2つの薬のパッケージがあります。クライアントから、「商品パッケージについてアドバイスがほしい」と聞かれることもありますが、2023年春、この本を執筆している時点で私が勧めるとしたら、左側の薬のほうです。コンサルタントとしての我が社の役割はクリエイティブでセンスの良いデザインを選ぶことではなく、科学的なエビデンスに基づいて「人が求めるデザイン」を選ぶこと。従って「左がいいでしょう」とクライアントに勧めるからには、ちゃんとした根拠があります。

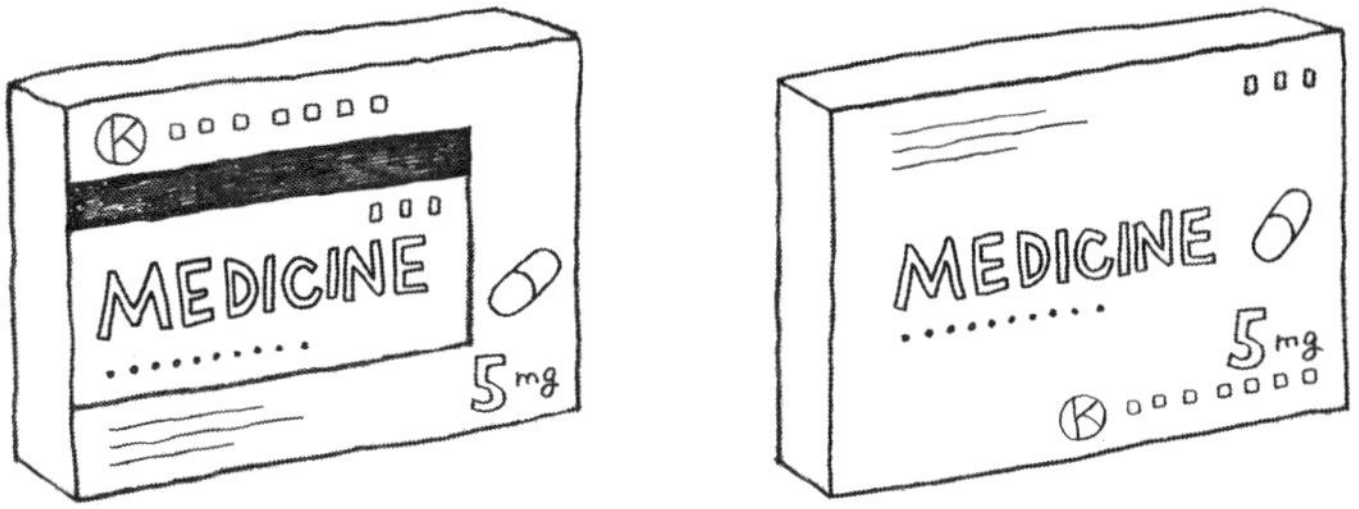

世界的なパンデミックが収束しつつあるとはいえ、ロシア・ウクライナ戦争は終わらず、シリアとトルコで天災が起き、景気後退も深刻です。世界情勢が不安になっているとき、人は「状況にコントロールされている」という無力感から、不安になります。

そこで参考になるのがデューク大学で一緒だったキーシャ・カットライトが卒業論文の一部として発表した「境界効果(Boundary Effect)」という理論です。

彼女の実験では、「自分以外のもの（人・状況）にコントロールされている」と強く感じている人は、ボーダーや囲み枠など境界線があるパッケージを好むことがわかりました。

左のパッケージは商品名が四角い境界線で囲まれています。その視覚効果によって無意識にコントロール感があると感じられるので、不安な人を惹きつけるのです。

パッケージデザインや広告ビジュアルは仕事の一環として注目していますが、富裕層向けのものは開放的で、境界線がしっかりあるデザインはあまり見かけません。

「景気が良くて経済が上向きだと境界線のないパッケージが売れる」という実験はないので断言はできませんが、仮説としては成り立つでしょう。

「不確実性」も人の判断に影響を与える

〝先が読めない〟が史上最強のストレス
——「不確実性理論」——

行動経済学で、非常に注目され続けているトピックスは「不確実性（Uncertainty）」です。

人間の生活の中で「絶対確実」ということはほぼゼロです。一生勤められると思っていた大企業に就職しても倒産するかもしれません。日本であれば特に、大地震が起きる可能性は常にあります。想像したくないことですが、火災、強盗、急な発作など、突然命を落とす不測の事態は必ずあり得ます。もう少し日常的な例としても、いつもは定刻のバスが遅れたり、何年もお付き合いのあったクライアントとの契約が突然切れたりなどがあるでしょう。また「絶対にいいに違いない」と思って買った商品がガッカリだったということもあるでしょう。

そういう不確実性を人間は嫌います。

「不確実性」も「コントロール感」と同じくネガティブな感情を生み出し、そのネガティブな感情が人間の非合理な意思決定に影響を与えています。ですから、やはり「不確実性」も人間の非合理な意思決定に影響を与えているのです。

「不確実性」がいかにネガティブな感情を生み出すかを示す事例として、行動経済学の学会で研究者の方に個人的にお話を伺ったことがあります。病院で「がんの疑いがあります」と診断された人を対象に行った調査です。この調査では、「がんの疑いがあります」と言われた人のその後の心理状態を調べました。

皆さんも体調が悪くて検査を受け、「がんの疑いがあります」と言われたら、心配で不安と恐怖にとらわれるでしょう。健康診断でも「要再検査」という診断結果が来ると憂鬱になるものです。

この調査の対象者たちも同じでした。やはり、「がんの疑いがあります」と告げられると皆一様にネガティブな感情が強くなったのです。

この調査の興味深いのはここからです。ここまでは「がんの疑いがあります」と言われただけなので、その後、「結局、がんではなかった人」と「実際にがんだった人」とに分かれます。

まずは、「結局、がんではなかった人」です。この人たちは最終的に「がんではありませんでした」と告げられると、告げられる前よりも急激にストレス値が下がりました。これは当然のことです。

しかし、興味深いのが「実際にがんだった人」です。最終的に「やはりがんでした」と告げられると、もちろんそのときのストレス度は急上昇するのですが、数日後には告げられる前よりもストレス値が下がったのです。がんだったとわかり、治療などの対処法の選択など、次のステップがわかったことで、不確実性が下がり、ストレスが下がったのだろうということでした。つまり、人間は実際に悪い結果であることよりも、「悪い結果になるかもしれない」と思って不確実なままの状態のほうが、心理的負担が大きいこともあるという調査結果です。

日常生活でも、「困ったことになるのではないか」という心配より、実際そうなったときの心理的ダメージのほうが小さいという調査結果が出ています。それを避けるため、「あの案件をクライアントに気に入ってもらえなかったらどうしよう」と過剰に不安になるより、

「できるだけのことはやった」と意識を変えて気分転換するのもよいでしょう。

――アメリカのロトくじ『メガミリオンズ』と不確実性

ここまで、人がどう不確実性を避けたがるかという話をしてきましたが、唯一の例外と言えるのがポジティブな感情の「希望」です。

アメリカで「希望を与える」と言えば、今話題になっている人気の宝くじ。本書を執筆していた2023年早々に「1等の当選金額が10億ドルになった」というニュースが報じられました。日本でも宝くじを買う人は一定数いて、「当選が出やすい」売場には行列ができます。

合理的に判断すれば「自分に当たるはずがない」となりますし、望みも薄いでしょう。実際、誰も大金が当たらないことによって、宝くじの当選額は上がり続けるのです。人間が不確実なことを嫌うのであれば、「宝くじは買わない」と判断しそうなものです。

ところが、それでもみんな宝くじを買い続けるのは、当たる確率が極端に低すぎて、確率に対するイメージが全くできないからです。反対に「もし当たったら」というときの喜びは考えずともわかります。

- 「宝くじに当たるのは天文学的な確率」
- 「宝くじに当たったら仕事を辞めて豪華に暮らそう」

この2つのうち、どちらがイメージしやすいかと言えば、数学者でない限り（いや、数学者でも）後者でしょう。そこで、合理的な「当たるはずのない数字の確率」よりも、「宝くじに当たったら仕事を辞めて、買いたいものを買って世界旅行をして優雅に過ごす！」という夢のような生活にまつわるアフェクトが優先されます。つまり、たとえ確率が極端に低くてもイメージしやすいアフェクトに導かれ、宝くじを買い続けるという非合理な行動につながるのです。

それを裏付ける実験もあります。2つのグループを作り、それぞれ異なるクーポン券が当たるくじに、いくらまで出すか尋ねました。

- グループ1　ヨーロッパ旅行500ドルのクーポンが当たる

・グループ2　学費に充てられる500ドルのクーポンが当たる

見てわかるように、グループ1も2も当たるのは同じ金額です。その際、当選確率が99%だと伝えられた被験者はヨーロッパ旅行のクーポンより学費のクーポンのほうに1割弱多くのお金を出すという結果が出ました。ところが当選確率が激減して「当選確率は1%」だと伝えられた被験者の間では、旅行クーポンに出す金額は学費クーポンに出す4倍にもなりました。

それは、ヨーロッパ旅行は宝くじと同じようにポジティブ・アフェクトが強く、学費はポジティブ・アフェクトが弱いからです。「当選確率が低いと、確率よりもポジティブ・アフェクトに意思決定が動かされる」という人間の非合理な面を裏付けています。

日常の仕事でも、「成功するかどうかわからないけど、自分でも思い入れがある！」というプロジェクトと、「うーん、確実にある程度の利益が出るけど、好きでも嫌いでもないかな？」というプロジェクトがあったとします。

この場合、大抵のビジネスパーソンは、たとえ成功する確率が低くても、自分が好きで思い入れもあるプロジェクトに労力と時間を費やしてしまいます。もちろん、それ自体は悪いことではないのですが、その分、成功する確率が高い確実で中立的な仕事に注力できなくなり、反対に失敗してしまったということにならないように、タイムマネジメントに気をつけたいところです。ぜひ、行動経済学の理論を思い出して、冷静に仕事の配分をしていただきたいと思います。

さて、ここまで、行動経済学を教養として学びやすいよう、大きな3つの柱である「認知のクセ」「状況」「感情」に分けてそれぞれ見てきました。ここまで読んできて感じた方も多いかもしれませんが、実際にはこの3つは相互に絡み合っていることがほとんどだということです。例えば、感情移入ギャップは、「認知のクセ」と「感情」が絡み合い、「状況」によって非合理な判断になるという理論です。

ただ、この本はあくまで「行動経済学を初めて学ぶ人」向けの本ですので、体系化を優先し、あえて3つを分類して別個のものとして解説をしています。3つの要素として理解することにより、非合理な行動に気づきやすくなり、その原因を解明しやすくなるので、その分より早く解決に向けて行動できるでしょう。

第3章まとめ

- 伝統的な経済学では人は感情に左右されないとされる。しかし実際は、人間は感情によって非合理な意思決定をする。意思決定が感情に左右されているということ自体、実に非合理である。
- 実は感情には、強い感情を示す「(ディスクリート) エモーション」と淡い感情である「アフェクト」がある。人はアフェクトのほうを頻繁に感じているため、人の非合理な意思決定の原因を考える際も、アフェクトに注目すべき。
- アフェクトには、ポジティブなアフェクトとネガティブなアフェクトとがある。
- ポジティブ・アフェクトは基本的に人を良い方向に導くが、逆に散財してしまうこともある。
- ネガティブ・アフェクトは抑え込むほど悪影響になりやすい。無理に抑え込まず、ネガティブな自分の感情も理解し、有効活用するという考え方をする。
- 感情は「お金の使い方」にも影響を与え、そのせいで、人間は無駄遣いをしてしまう。
- 「心理的コントロール感」の欠如はネガティブな感情を生み、それが非合理な意思決定につながる。
- 「不確実性」もネガティブな感情を生み、それが非合理な意思決定につながる。

エピローグ

あなたの「日常を取り巻く」行動経済学

ここまで行動経済学について、「学問的な研究」と、それが「実際のビジネスにどう影響するか」という2つの観点から述べてきました。ビジネスパーソンのための教養書であるこの本の締めくくりとして、エピローグでは「ビジネス」からさらに視座を上げて、「社会における行動経済学」について、次の3点について解説することにします。

・1．「自己理解・他者理解」と行動経済学

ビジネスパーソンとしても一人の人間としても、より広い視野を持つためには、まず己を理解することが必要です。そうすることにより、非合理な自分の側面や意思決定の傾向に気づき、より良い決断ができ、自分の求める行動にもつながるでしょう。

ここでは、行動経済学で言う「自己理解と他者理解」についてまず説明します。

・2．「サステナビリティ」と行動経済学

ＳＤＧｓの17の目標を挙げるまでもなく、極限まで成長した市場で働く21世紀のビジネスパーソンは、持続可能性の模索と無縁ではいられません。

行動経済学的に見たＳＤＧｓとは何か、一緒に考えてみましょう。

・3．「ＤＥＩ」と行動経済学

世界を読み解く手掛かりはいろいろありますが、「Ｄ＆Ｉ」つまり多様性（Diversity）を認め、受け入れ（Inclusion）、生かすことはかなり議論が進みました。これをさらに進化させたものが、ダイバーシティ、エクイティ、インクルージョン。Ｄ＆Ｉに公平性（Equity）を加えた概念で、これからの世界の課題です。そこで、行動経済学的な視点でＤＥＩを解説します。

さて、第1節である「『自己理解・他者理解』と行動経済学」を始める前に、ここでもクイズを一つ出しましょう。

Quiz

次の2つのメッセージは日焼け止めの宣伝コピーです。あなたはどちらのコピーを魅力的に感じますか?

・メッセージA:〝あなたならできる! A↓B↓Cの手順でとても簡単です。日焼け止めのボトルを歯磨き粉のそばに置いて、毎朝使えばいいだけです〟

・メッセージB:〝研究によると、この日焼け止めは、たとえ短い時間だけ太陽の下で過ごすとしても、老化、日焼け、皮膚がんに対して効果を発揮します〟

「自己理解・他者理解」と行動経済学

さて、あなたはどちらのコピーに惹かれたでしょうか。これは実は、あなたの性格特性を知るためのテストのようなものでした。

結論を先に言うと、メッセージAを選んだ方は「促進焦点」と呼ばれるタイプ、メッセージBを選んだ人は「予防焦点」と呼ばれるタイプでしょう。それぞれどのようなタイプなのか？

この節では「自己理解・他者理解」と行動経済学をテーマに解説していきます。

――自己理解・他者理解は強力な武器になる

伝統的な経済学の原則では、人間は皆同じです。なぜなら合理的な意思決定をし、合理的な行動をするので、たった一つの正解に集約される——。非常に単純化すれば、このような理論となります。

対して、人間は常に合理的とは限らないと考える行動経済学では、人はそれぞれ異なります。みんな異なる「認知のクセ」を持っていますし、同じ「認知のクセ」でもそれが強かったり弱かったり、「状況」や「感情」によっても変わります。

さらに人はシステム1とシステム2の2つを使っていますが、システム1ばかり使いがちな人とシステム2の使用頻度が高い人がいます。

行動経済学に基づくこのような傾向を分析し、性格診断サービスを提供しているテック企業があります。私が顧問を務めており、「人の非合理さ」をより専門的に数値化するサービスがメインの会社です。

- どちらかと言うと気にしてしまうのは「損失」、それとも「利益」?
- 自分と他の人たちを比べて、仕事やプライベートで周囲に高く評価されそうなのはどっち?
- あなたがリスクを冒すとしたらどんなこと?

このような設問に答えていくと、自分の性格やお金に関わる行動が診断され、どのように意思決定し、行動しているかが数値化されるサービスを開始しています。

英語版をリリースしたところ、幸いなことにかなり好評で、クライアントの証券会社から「自己理解ができた顧客（投資家）の間では、投資商品に対する興味が30％も向上した。自分を知ることで、どの投資が自分により合っているか理解できたと好評だ。また、私たちも顧客を深く知ることができ、お客さまへの対応も改善した」という報告も届いています。

自己理解と他者理解が深まれば、自分や他人がどのように意思決定をし、それがどう行動につながるかがわかります。それを生かして、ビジネスや私生活でも自己を高めるために役立てられるでしょう。さらに、「これからの世界で自分はどのように生き抜くべきか」という哲学的な課題にも、取り組めるようになるでしょう。

タイプ① 「促進焦点」か「予防焦点」か？

エピローグ冒頭のクイズにも出た、自己と他者の理解に欠かせない行動経済学の理論は「制御焦点理論（Regulatory Focus Theory）」です。

コロンビア大学の心理学者E・トリー・ヒギンズが提唱したもので、1997年に発表されて以来、数千件の関連学術論文が出されるほど注目されています。

制御焦点理論を簡単に説明すると、人が目標達成するときの動機には大きく「促進焦点（Promotion Focus）」と「予防焦点（Prevention Focus）」の2つがあるというものです。

例えば、新しいプロジェクトを任されたら……。

・促進焦点　成功したいから頑張る
・予防焦点　責任者として失敗したくないから頑張る

どちらも「仕事を頑張る」という行動自体は同じですが、促進焦点は「こうなりたいから頑張る」という、「現在よりも上昇したい動機」です。

促進焦点の人は、人生でやりたいことや成功の未来からモチベーションを得ます。成長、発展や昇進への欲求があり、動機づけは大抵前向きな結果の追求や目標達成。

意思決定のプロセスにおいては楽観的で、リスクを取ることを恐れず、創造的な傾向があります。チャンスや可能性に注目し、利益を最大化することに駆り立てられる――ちなみに私は、促進焦点です。

これに対して予防焦点は「こうなりたくない」という「現在の状態よりも下降したくない動機」となっています。自分がやるべきことや責任を果たすことがモチベーションと言っていいでしょう。

安全、安心や安定を求めることが特徴で、ネガティブな結果を避け、現状を維持することが動機づけとなります。

意思決定のプロセスにおいてより慎重かつ几帳面で、義務と責任を優先し、リスクを避ける傾向があり、より潜在的な脅威や危険性に注目し、損失を最小限に抑えようとするのです。

どちらが正しいということではありません。自分が促進焦点か予防焦点かを知っておくことで、意思決定や行動の傾向がわかります。また、顧客や上司・同僚が促進焦点か予防焦点かを理解することで、どう付き合っていけばいいかが見えてきます。

例えば、促進焦点の部下は、「こうするともっと良い結果が出るぞ」と励まし、予防焦点の部下には、「こうすると失敗しないぞ」と助言をすると、より話を聞いてもらいやすくなるでしょう。

タイプ②「最大化」か「満足化」か？

行動経済学では、意思決定アプローチを大きく2つに分けています。それは「最大化」と「満足化」です。

例えば、次の休暇の予定を立てるとき……。

・最大化　時間をかけて徹底的にリサーチをする
・満足化　人気トップ10に入っている観光スポットの中から適当に巡る

最大化タイプ（別名：マキシマイザー）は、最善の選択をしようと、広範囲に及ぶ情報収集をし、すべての選択肢を一つずつじっくり検討します。結果的に、自分で気づかないうちに一つ一つの意思決定にかなりの時間をかける傾向があります。

また、一度決心しても、迷いが生じることが多く、「もっと良い選択肢もあるのでは」と、決心後にまた情報収集を再開してしまうこともあるでしょう。常に最良の選択肢を求め続けることにより、考えすぎて決断ができなくなったり、迅速な対応を求められることが苦手だったりする人も多いです。また最高の決定を追求するあまり、間違った選択をすることへの不安につながる場合もあります。ちなみに私は仕事の際は最大化ですが、プライベートでは満足化の傾向があります。

これに対して満足化のタイプ（別名：サティスファイザー）が意思決定プロセスにおいて優先するのは、容易さと効率。つまり、ある程度のニーズを満たす選択肢を見つけたら、その時点で情報収集をやめ、その中から、直感に頼ったり、もしくはやや「テキトー」に選択肢を選びます。また、一度決めたら迷うことは少なく、一つ一つの決めごとに時間をかけず、迅速に意思決定ができます。「必ずしもベストではないけれど、基本的なニーズを満たしている」という、より気楽で現実的な選択肢で満足するという特徴があります。

タイプ③「楽観」か「後悔回避」か？

お気に入りのレストランのすぐ横に新しいカフェができたとします。カフェとしてはちょっと高めだけど、美味しそうなメニューが並んでいます。さてあなたなら……。

1.「きっと美味しいだろう」と新しいカフェを試してみる
2.美味しくないかもしれないものにお金をかけたくないので、いつものお気に入りのカフェに行く

もしあなたが1を選んだのなら、きっと「楽観バイアス」が高い方かもしれません。物事がスムーズにいくと考える傾向が強く、また、基本的に自分の未来が平均的な人の未来よりも良くなる、あるいは統計的な数値より良くなると信じる傾向があります。

そのため、しばしば過度に楽観的な計画を立てたり意思決定をしたりもします。また楽観的なので、ビジネスチャンスに対してより多くのリスクを取ることもあるでしょう。「物事がうまくいく」と信じる傾向が強いため、挫折からの回復力も高いとされています。

反対に2を選んだ人は、「後悔回避バイアス」が高い方かもしれません。後悔回避バイアスの高い人は、潜在的な利益がコストを上回っていたとしても、後悔する可能性のある決断を避けがちです。

つまり、今のお気に入りのレストランより、もっと良いカフェが見つかるかもしれませんが、新しいところを試してガッカリしたくないので、リスクの少ない意思決定をする傾向があります。「成功の可能性」よりも「後悔の回避」を優先するので、過度に慎重で保守的

な決断をし、その結果チャンスを逃したり、目標を達成できなかったりすることもあるでしょう。

以上の3つのタイプは、自己そして他者をより深く理解するために役立つ概念として、学術的な研究がなされています。もちろん、これらが行動経済学のすべてではなく、人間とはもっと複雑なものです。複雑なものだからこそ、それを知る手掛かりとして、3つのタイプを活用してください。

「サステナビリティ」と行動経済学

──「ナッジ理論」で、ホテルのタオルの再利用率を上げよ！

地球温暖化など、環境の課題解決は持続可能な社会に不可欠です。どのように行動を変えていけばいいのか、行動経済学に基づく取り組みが、すでに始まっています。

例えばホテルに宿泊する際、毎日新しいタオルに交換するのではなく、何日か再利用するように促し、節水対策や環境汚染への影響を削減するためのナッジ。どのようなメッセージを出せば、ゲストの意思決定に影響を与え、環境にやさしい行動を取るように促すことができるのでしょうか？

カリフォルニア大学ロサンゼルス校のノア・ゴールドスタインらの実験で見てみましょう。

・メッセージ1　環境保護にご協力を！
——ゲストの皆さまへ。滞在中、同じタオルを再利用することで、自然への敬意と環境を守る姿勢を示せます。

・メッセージ2　環境を守る仲間たちに加わりましょう！
——ゲストの皆さまへ。2003年秋の調査では、当ホテルの環境保護プログラムに賛同したおよそ75％のゲストが、滞在中、タオルを再利用しています。あなたもぜひタオルの再利用を通じて、環境を守る仲間に加わってください。

・メッセージ3　環境を守る仲間たちに加わりましょう！
——ゲストの皆さまへ。2003年秋の調査では、この部屋（＃＃号室）に宿泊したゲストのおよそ75％が、滞在中、タオルを再利用することで、環境保護プログラムに加わっています。あなたもぜひタオルの再利用を通じて、環境を守る仲間になってください。

見ての通り、最初のメッセージは、他のゲストのデータを出さずに協力を呼びかける内容。メッセージ2は、「75%のゲストが、滞在中、タオルを再利用しています」とした上で、「仲間に加わりましょう」という内容になっています。さらにメッセージ3は、「その仲間」が、「以前あなたの部屋に泊まった人」と、細かく特定しています。

他にもメッセージ2を少しだけ変え、宿泊客を「ゲスト」ではなく、「市民」と呼びかけたメッセージ4や、男女別のタオル再利用率を載せたメッセージ5もありました。

さて、どれが一番効果的だったでしょうか？

一番効果が低かったのは、他のゲストのデータを出さなかったメッセージ1で、タオルの再利用率は37・2%でした。次は他のゲストのデータを出して呼びかけた、タオルの再利用率が44・0%だったメッセージ2。また、宿泊客を「ゲスト」ではなく、「市民」と呼びかけたメッセージ4や、男女別のタオル再利用率を載せたメッセージ5もほぼメッセージ2と同じぐらいの再利用率となっていました。

これらの3つのメッセージがメッセージ1よりも効果的だったのは、他のゲストのデータを出すことにより、社会規範を示したからです。つまり、周囲の他者が取る行動が、その状況における適切な行動の基準であると示唆した上で、「一緒に環境を守りましょう」というメッセージにするとより効果的ということです。

さて、同じく社会規範を示した3番目のメッセージの再利用率は一番効果的で、49・3%でした。それは、ただ「多くの人が再利用していますよ」と言うだけではなく、「あなたの部屋に宿泊した人」と特定し、「あなたのような人が」再利用しているとすることにより、さらに効果的になったのです。

このように、ちょっと文章を変えるだけでも、体系的に導入すればサステナビリティの観点からだけではなく、経費の点からもかなりの好影響が出るというのは、世界で行動経済学が求められている一因でしょう。

このような「ちょっとした違い」を取り入れているのは、ホテルのタオルの再利用だけではなく、再生可能エネルギー導入にも利用しているケーススタディがあります。先ほどニュースサイトに登録しようとするとチェックボックスが設けられているという話をしましたが、そのようなデフォルト効果を使ったケーススタディです。

――ドイツのエネルギー会社と「デフォルト効果」

ドイツで全国的に展開しているエネルギー会社は、ウェブページを訪れた新規契約の4万1952世帯が再生可能な資源を使うか使わないかを決める際に、2種類のデフォルトを使い実験を行いました。

グループ1：「再生可能エネルギー使用」のチェックボックスが選択されていない
グループ2：「再生可能エネルギー使用」のチェックボックスが事前に選択されている

つまり、グループ1の人がデフォルトのままだと、再生可能のグリーンエネルギー使用の契約をしないことになる。しかし、グループ2の人はデフォルトのままだと、再生可能エネルギー使用の契約をすることになる。

デフォルト効果によって、再生可能エネルギーを選んだのはグループ2のほうが圧倒的に多く、再生可能エネルギー使用の契約数はグループ1の10倍近くになりました。

――行動経済学で〝ワールドカップ44万試合分〟の電力を節約

ここでは、省エネサービスを提供するカリフォルニア州で設立されたオーパワー社の行動経済学を用いた取り組みについて見てみましょう。オーパワーは、プロローグで触れたCBOという地位を設け、そのCBOであるジョン・バルツの指導の下、ビジネスに社会規範の理論を活用しています。電機会社の顧客にホーム・エネルギー・レポート（HER）を通じて、自宅のエネルギー使用量を地域の類似家庭と比較した情報を提供し、省エネ行動を促しているのです。

「あなたの家のエネルギー使用量は、どのくらい？」

平均よりだいぶ少なく素晴らしい（にこやかな笑顔のスマイリーフェイス）、だいたい平均で良い（控えめな笑顔のスマイリーフェイス）、平均より多い（表情の薄い顔文字）という3つのマークで評価し、また最も「エネルギー効率の良い隣人」を強調。このレポートで、エネルギー効率化の社会規範が生まれ、エネルギー消費量の減少につながりました。

このレポートにより起業後の最初の2年間で、累計で20億ドルの節約に成功。２００７年以来、１７００万以上のアメリカの家庭にこのレポートを配布しており、トータル約１１０億キロワットの省エネです。「それってどれくらい？」と、ピンとこないという人も多いと思いますが、10億キロワットがワールドカップサッカー４万試合分のスタジアムの電力に相当するのですから、ものすごい数字と言っていいでしょう。

自分の家とよその家の情報をわかりやすく表示し、一軒一軒に合ったパーソナルな情報を提供するというアプローチは、省エネ行動を促すツールとしての社会規範の威力を実証しました。これは今でも続いており、行動経済学がサステナビリティに役立つ一例と言えます。

ここまでは、３つの事例を通して、行動経済学をどうサステナビリティに応用して、省エネ対策などにあてていくか見てきました。

ビジネスパーソンの教養として、社会問題について語れることも必要になってくるでしょう。ぜひこれを機に、「サステナビリティ」以外の社会問題についても、行動経済学をいかに応用できるかお考えください。

「DEI」と行動経済学

本書で話してきたように、「認知のクセ」を持つ人間には多くのバイアスがあります。効率よく情報を認知・解釈して意思決定・行動できるのはシステム1のおかげで、生きていく上で必要ですし、非合理な人間のありのままの姿と言えます。しかし、システム1を基にした個々のミクロな意思決定が積み重なり、DEIというようなマクロの社会問題にも発展します。

――DEIのスタートは認知のクセを知ること

DEIとは、多様性（Diversity）と公平性（Equity）と包括性（Inclusion）の頭文字を取った概念です。これらを実現させるにはどうすればよいか。これは今日本でも盛んに討論されている話題でしょう。特に、日本のジェンダーギャップ指数は主要国で最下位の146カ国中116位。そこで今回は日本で今一番に話題になっている女性へのDEIを中心に話します。

アメリカでも今、新しい分野として注目されていて、私も本書の執筆中に100人近いCEOたちの集まりに招待されて、DEIについて行動経済学の観点から基調講演を行いました。

アメリカでは、大抵の会社は以前と比べ管理職の女性の割合も増え、女性が活躍しやすくなっている会社が多くなってきました。基調講演に呼んでいただいたこの業界団体の会員企業の会社も同様ですが、「女性が増えても、いまだに白人中年の男性中心の職場をなかなか変えられない」と頭を抱えているそうです。つまり、多様性は向上したものの、包括性はなかなか変わらないというのが現状だそうです。

また、基調講演の前の打ち合わせでお伺いした話だと、大抵の管理職の男性たちは「もっとDEIを積極的に促進したいと思っている。でも、どうしたらいいのかわからない」そうです。

そこで、行動経済学の観点から、「それはなぜなのか？」を理解し、解決に役立てたいとのことでした。

先ほど話したように、人にはいろんなバイアスがあり、それがDEIを妨げてしまっています。

特に注目するべきなのが「デフォルト効果」です。今まで白人の男性中心だった組織だと、すべてのことで「白人の男性中心」がデフォルトとなってしまい、また現状維持バイアスも働いているので、一度デフォルトになってしまったことを変えるのは大変です。そういうときには、まずクリティカルシンキング（批判的思考）で、自分たちのデフォルト効果によるバイアスを認知することが必要です。

ここまでは納得しやすいかもしれません。しかし、包括性を高めるには、根本的に、かつ意識的にすべてを見直すことが大切。しかし、システム1があるせいで、変えるのはたやすくありません。些細なことでも、「今までは○○してきたけど、なぜだろう？　本当にそれが最適なのか？」と今までの「当たり前」を変えることにチャレンジすることが大切です。

そして、それで「現状のままでは最適ではないかもしれない」という判断が出たら、次はアンカリング効果を避ける努力をしなければいけません。つまり、「今の状況をどう少し改善したらよいのか？」と考えると「今の状況」にアンカーが置かれてしまい、結局は今までとたいして変わらない改善になってしまいます。

序章で話した、紙から電子サインに移行するときのように、ついデメリットばかりに目が行ってしまうこともあるでしょう。そういうときは、できるだけ一から「女性を中心に」と抜本的な変革をするともっとイノベーティブなアイデアが出てきます。

先ほどの基調講演の際には、「もしこのようなエグゼクティブの集まりを、『今の状態から改善する』のではなく、女性が女性目線で、そして女性のために計画・運営したらどういう風になると思いますか？」と問いかけ、実際にブレーンストーミングしてもらいました。

もちろん、それを実際にすべて実現しなければいけないのではありません。しかし、一から考えることにより、今まで見えていなかった新しい分野や解決法を発見する機会となり、これからいろいろと検討していく際の参考になるのです。

ちなみにこれは個人的な見解ですが、日米の両方の文化を経験してきた結果、特に日本はデフォルト効果が高いように思われますので、「一から考えてみる」というのは有用な手段だと思われます。

「真理の錯誤効果」も、今までの文化を変えるのに影響を与えています。例えば、「女性は○○」、「LGBTQの人は○○」とニュースや同僚との会話で何度も聞くと、自分が信じていなくても、そういう意見が「聞き慣れている考え」となり、あたかもそれが正しいかのように錯覚してしまいます。

また、聞き慣れてしまっている概念はそれが「社会規範」となり、多くの人に影響を与えます。例えば、アメリカの例ですと「女性は会議であまり発言しない」という概念。DEIが進んできているアメリカですが、そういうデータも出ていますので、「複雑な要素が絡んだ多くの会社の深刻な問題」という記事を目にすることもあります。

アメリカで仕事をしていると、性別に関係なくリーダーシップは大切なもので、「はっきり意見を言えない人は会議に出る意味がない」とまでされています。そういう中で仕事をしてきている私個人としては同意できる概念ではありませんが、実は最近まで仕事上で無意識にこの概念に影響されていることに気づきました。そのような中で自分の無意識のバイアスを変えていくのはかなりの意識改革と努力が必要です。

このように、「よく耳にすることだと、信じていないことでも影響力がある」という真理の錯誤効果を避け、良い「規範」を作り出すため、私はできるだけインスピレーションを得られる情報を意識的に目にするようにしています。

「いい・悪いではなく、現実として私たち人間にはこうした認知のクセがあることを、まず知ってください。知ることからすべてが始まります」

講演のときに、私はそう語りかけました。「どう改善すべきか」と対策を考える前に、「なぜそうなっているか」、人間の意思決定と行動を理解しなければならないということです。

――「その子は自分の息子だ。私に手術はできない」

ある男性が息子を連れて病院に駆け込んできました。緊急手術が必要となり、当直医が駆けつけます。当直医は男の子の顔を見た途端、叫びました。

「その子は自分の息子だ。私に手術はできない」

このシチュエーションに違和感を覚えますか？　もし違和感を覚えたなら、それがあなたのジェンダーバイアスです。

男の子には連れてきた父親がいるのに、当直医も「私の息子だ」と言っているのが不自然に感じるのは、「医師＝男性」というカテゴリー化がなされているためです。

もうおわかりでしょうが、当直医は、患者の母親（またはもう一人の父親）なのです。

日本でも最近、私大医学部が男性受験者を優先的に入学させていたことが発覚して非難を浴びました。

有能な医者になる才能があり、努力を惜しまない人が、「女性」というだけで、医師になる機会を失う。医療機関従事者不足が叫ばれる中、なんともったいないことです。

もちろん医療業界以外でも、カテゴリー化はあります。鋭いビジネス感覚とリーダー性を持ち合わせている人が「女性」というだけでなかなか大きな仕事を任せてもらえない。または育児サポートの低迷が叫ばれる中、子ども好きで幼児教育への責任感が強い人が、「男性」というだけで、保育士としてなかなか信頼してもらえない。

また、アフェクトの理論から見てみると、カテゴリー化されることにより、人は貴重な仕事の経験となる機会を失うだけではなく、本来持っている能力を発揮しにくくなります。人は「あなたならデキる！」と信頼されることによって、より成長していくものです。反対に、「自分は○○だからどうせ期待されていない」と思うことでやる気が減少し、残念な結果になってしまうのです。

イノベーティブな世界の企業とも対等に渡り合っていけるように、日本のすべての人のすべての能力が、カテゴリー化にとらわれずに有効活用されるべきでしょう。

労働者不足が叫ばれ、日本経済の低迷が懸念されている中、このような個々のバイアスが重なり「能力の損失」まで起きているとは、なんとももったいないことです。しかし、逆に言えば、バイアスを逃れてさまざまな人を雇い、育てていける会社は、普段見過ごされているたくさんの有能な人たちを、自社へと引き寄せることができるのです。

――映画の主人公に変化が表れているワケ

医師や教授の世界と同じく男性優位の音楽界の中で、アメリカのあるオーケストラでは、女性演者が少ないことを問題視していました。審査員は「男女差別なんてしていないよ」と言いますが、それはカテゴリー化バイアスが無意識であることを示しています。

そこで行動経済学的に「状況」を変えることにしました。演者のオーディションをする際、幕を下ろして演奏してもらう——。つまり、姿を見ずに音色だけでバイオリニストやチェリストなどを選抜したのです。このような結果、1970年には全体の5%以下だった女性が、1997年には25%になりました。

ジェンダーバイアスが能力に基づいた合理的なものではないことを証明したのです。


また、カテゴリー化を減少させる解決策の一つとして、アメリカでは「Representation Matters」が話題になっています。

例えば映画の主人公に黒人やアジア系やヒスパニックの子役を起用する。そうすると「ヒーロー＝白人」というステレオタイプは消えていきます。黒人、アジア系、ヒスパニックなどの子どもやティーンエイジャーは「自分みたいなヒーローもいるんだ！」と感じられるでしょう。また、アメリカには、社会で活躍されている研究者やエンジニアを紹介する際に、意識的に女性を中心としている番組などもあります。

エンターテインメント業界に限らず、会社でも女性の役員やエグゼクティブを増やすことにより、他の女性だけではなく男性の「エグゼクティブは男性がなるものだ」というカテゴリー化も減少できます。また、例えば社員募集のウェブサイトに女性や性的マイノリティをもっと積極的に起用するなど、産業界にもできる「構造的なバイアスの変革」もあるはずです。

本書の執筆中に、東京大学が教授の任期をクオータ制にし、女性教授を25％に増やすと報じられました。これは「形から入っているだけ」という批判もありますが、「教授＝男性」というカテゴリー化の問題の減少として有効でしょう。また大きな視点で見ても、「研究者＝男性」や、「キャリア志向＝男性」というカテゴリー化も減少できるでしょう。

「Representation matters」がＤＥＩに大切なのは、カテゴリー化の減少だけではありません。拡張‐形成理論でも話した通り、「自分みたいなヒーロー」を見かけることで、モチベーションが上がり、ポジティブ・アフェクトが生まれ、能力・活力・意欲が高まります。

もう一つは、リスク理論に関わっています。つまり、人は「見慣れないこと＝リスクが高い」と考えてしまうとわかっているのです。例えば、女性が大事なプロジェクトのチーフとして責任をこなしているのを見たことがない新入社員の女性がいるとします。そうすると、女性の新入社員は潜在的に、「私のような人間が大事な会議の進行を受け持つのはリスクが高い」と感じてしまうのです。それにより、機会に恵まれても躊躇したり、了承してもネガティブ・アフェクトが出たり、必要以上に不安になったりします。

このように、行動経済学は、非合理な人間の「認知のクセ」を理解し、個人で何ができるか、また、会社として、日本社会全体として、何ができるかを考える際のガイダンスにもなります。

このようなバイアスが無意識と理解した上で、DEIを推進するため、アメリカでは顔写真なしの履歴書が一般的で、意識が高い会社だと書類審査では名前や年齢も伏せたりします。名前で性別はわかりますし、またアメリカですと、母国や宗教などのルーツに無意識に影響されてしまうからです。

一次選考を通過して面接すれば人種や性別はわかりますが、少なくとも第一関門ではバイアスを取り除いて選考しようという取り組みです。この方法を導入しているクライアントの保険会社のCEOによると、これによって、コネ就職も少なくなり、良い人材が採用できるようになったとのことでした。

本書を通して、私たちは「認知のクセ」「状況」「感情」の影響を受けて、非合理な意思決定をしてしまうということを知っていただけたと思います。しかし、これらは人間らしさであり、完全に排除することはできませんし、またその必要もありません。大切なのは、正しく知って、いい方向に活用することです。

せっかくシステム2が備わっているのですから、自分の中で問うてみる。本書で紹介した行動経済学が、どのように問えばいいかを教えてくれます。

そうやって自分を、周りの人を、世界を、良い方向に「ナッジする（軽くつつく）」。そんな方が本書によって増えたら――これは私の願いでもあるのです。

エピローグまとめ

- 自己と他者の理解に欠かせない行動経済学の理論は「制御焦点理論」で、これは「促進焦点」か「予防焦点」を見極めるものである。自分が促進焦点か予防焦点かを知っておくことで、意思決定や行動の傾向がわかる。
- 「最大化」か「満足化」かによっても意思決定や行動の傾向がわかる。「最大化」は時間をかけて徹底的にリサーチをする。「満足化」は70点で満足するタイプ。
- 「楽観バイアス」と「後悔回避バイアス」の度合いによっても意思決定や行動の傾向がわかる。前者は「全部最終的にうまくいく」と信じる楽観的な考え方を持っていて、後者は後悔を回避したいという気持ちが強く、決定を先延ばしにしたり、保守的な選択をする傾向がある。
- 「サステナビリティ」という点でもさまざまなところで、行動経済学が利用されている。
- ＤＥＩのスタートは認知のクセを知ること。行動経済学の観点から解決できる問題がたくさんある。

あとがき

引っ越し・転校の多かった子ども時代を通して、いろんな人や文化に接する機会がありました。そういう中で、文化の違いが人の「考え方」にも影響し、また同じ個人が文化や「状況」によって違う考え方や行動をするのを身をもって経験してきました。それは、まだ「行動経済学」という言葉も知らない私が、最初に「心理学」に興味を持ったきっかけでした。

「心理学の進んでいるアメリカで学びたい」と、18歳で日本を出て、それ以来、残念ながら日本と仕事する機会には恵まれませんでした。そんな中で、突然、日本の出版社から「本を書きませんか」と言われたときにはびっくりしました。20年以上英語のみで研究し仕事をしている中で、日本語で行動経済学について一度も話したこともない私が上手く本を書けるはずがない……。そう思い、最初は断ろうと思っていました。

しかし、一人でアメリカに渡ったときもすべてが未知の世界で、すべてが「初めて」でした。最初は英語も未熟でしたので、辞書を片手に大量に読まなければいけない。資料1

ページを読むのに1時間かかり、泣きそうになっていたほどです。外国人として仕事していく中、いろいろなチャレンジに途方に暮れることも多々ありましたが、それでも、周りの方々に支えられ、博士課程まで終了し、現地アメリカで会社を興し、いち経営者として何とかやっています。

そんな自分の過去を振り返っているうちに、日本人として日本で育ちながら、アメリカで行動経済学の研究・仕事をしてきた者だからこそ書ける本もあるのではないか。それなら、微力ながらも「日本の皆さんにも行動経済学を広めるお手伝いをさせていただきたい」、そう決意し、本当にいろいろな方に支えられながら本書を書きました。

このような貴重な機会をくださった編集者。日本での社会経験の浅い私にも、「相良さんにしかできない本にしましょう」と励ましてくれました。私の拙い日本語ではわかりにくいところも多かったでしょうが、常に前向きにサポートしていただきました。

そして、日本語がわからないのにネットの翻訳ページを使い、デスクリサーチのサポートをしてくれたＥｖｅｌｙｎ Ｙａｕは、起業以来、私の右腕となり支えてくれています。

また、加藤清也さんには、アメリカで行動経済学を学び日本の会社で活躍されているというとてもユニークな経験を生かし、日本の方にも楽しく読んでいただける本を書くためのサポートをしていただきました。

また、昔から私に好き勝手させてくれている日本の両親と家族のみんなに感謝の気持ちを伝えたいと思います。みんなが遠くで見守り支えてくれているからこそ、これまでやってこれました。

そして膨大な執筆時間の確保のために多大な協力をしてくれた夫にも、感謝の意を伝えたいです。いつも無条件に私を支え、励ましてくれてありがとう。そして仕事中、いつも横でおとなしくお昼寝してくれているオフィスメイトの愛犬ニッキーにもありがとう。

そして、この本をここまで読んでくださった読者の皆さまにも、心から感謝申し上げます。この本を通して、あなたの世界がちょっとでも違って見えてきてくれたら本望です。また、本書を機会に、日本の方ともっと交流させていただければと思っております。

consequences in consumer decision making. *Journal of consumer Research, 26*(4), 401-417.
176 Anderson, C. J. (2003). The psychology of doing nothing: forms of decision avoidance result from reason and emotion. *Psychological bulletin, 129*(1), 139.
177 Bell, D. E. (1982). Regret in decision making under uncertainty. *Operations research, 30*(5), 961-981.
178 Loomes, G., & Sugden, R. (1982). Regret theory: An alternative theory of rational choice under uncertainty. *The economic journal, 92*(368), 805-824.
179 Goldstein, N. J., Cialdini, R. B., & Griskevicius, V. (2008). A room with a viewpoint: Using social norms to motivate environmental conservation in hotels. *Journal of consumer Research, 35*(3), 472-482.
180 Allcott, H. (2011). Social norms and energy conservation. *Journal of public Economics, 95*(9-10), 1082-1095.
181 Allcott, H., & Rogers, T. (2014). The short-run and long-run effects of behavioral interventions: Experimental evidence from energy conservation. *American Economic Review, 104*(10), 3003-3037.
182 Ebeling, F., & Lotz, S. (2015). Domestic uptake of green energy promoted by opt-out tariffs. *Nature Climate Change, 5*(9), 868-871.
183 Oracle Utilities (2019). Opower Behavioral Energy Efficiency. Retrieved from https://www.oracle.com/a/ocom/docs/industries/utilities/utilities-opower-energy-efficiency-cs. pdf
184 Johnson, E. J., & Goldstein, D. (2003). Do defaults save lives?. *Science, 302*(5649), 1338-1339.
185 Hasher, L., Goldstein, D., & Toppino, T. (1977). Frequency and the conference of referential validity. *Journal of verbal learning and verbal behavior, 16*(1), 107-112.
186 Cialdini, R. B., & Trost, M. R. (1998). Social influence: Social norms, conformity and compliance. In D. T. Gilbert, S. T. Fiske, & G. Lindzey (Eds.), The handbook of social psychology (pp. 151–192). McGraw-Hill.
187 https://www3.weforum.org/docs/WEF_GGGR_2022.pdf&sa=D&source=docs&ust=1680648249603371&usg=AOvVaw3Dyrp95ZaDCg7KMwBU1Lq4
188 Macrae, C. N., & Bodenhausen, G. V. (2000). Social cognition: Thinking categorically. *Annual review of psychology, 51,* 93-120.
189 Goldin, C., & Rouse, C. (2000). Orchestrating impartiality: The impact of “blind” auditions on female musicians. *American economic review, 90*(4), 715-741.
190 Slovic, P. (1987). Perception of risk. *Science, 236*(4799), 280-285.

161 Smith, C. A., & Ellsworth, P. C. (1985). Patterns of cognitive appraisal in emotion. *Journal of personality and social psychology, 48*(4), 813.
162 Cutright, K. M. (2012). The beauty of boundaries: When and why we seek structure in consumption. *Journal of Consumer Research, 38*(5), 775-790.
163 Rottenstreich, Y., & Hsee, C. K. (2001). Money, kisses, and electric shocks: On the affective psychology of risk. *Psychological science, 12*(3), 185-190.
164 Loewenstein, G. F., Weber, E. U., Hsee, C. K., & Welch, N. (2001). Risk as feelings. *Psychological bulletin, 127*(2), 267.

エピローグ

165 Keller, P. A. (2006). Regulatory focus and efficacy of health messages. *Journal of Consumer Research, 33*(1), 109-114.
166 Sedikides, C. (1993). Assessment, enhancement, and verification determinants of the self-evaluation process. *Journal of personality and social psychology, 65*(2), 317.
167 Higgins, E. T. (1997). Beyond pleasure and pain. *American psychologist, 52*(12), 1280.
168 Crowe, E., & Higgins, E. T. (1997). Regulatory focus and strategic inclinations: Promotion and prevention in decision-making. *Organizational behavior and human decision processes, 69*(2), 117-132.
169 Higgins, E. T. (1998). Promotion and prevention: Regulatory focus as a motivational principle. In *Advances in experimental social psychology* (Vol. 30, pp. 1-46). Academic Press.
170 Schwartz, B., Ward, A., Monterosso, J., Lyubomirsky, S., White, K., & Lehman, D. R. (2002). Maximizing versus satisficing: happiness is a matter of choice. *Journal of personality and social psychology, 83*(5), 1178.
171 Weinstein, N. D. (1980). Unrealistic optimism about future life events. *Journal of personality and social psychology, 39*(5), 806.
172 Sharot, T. (2011). The optimism bias. *Current biology, 21*(23), R941-R945.
173 Zeelenberg, M., Beattie, J., Van der Pligt, J., & De Vries, N. K. (1996). Consequences of regret aversion: Effects of expected feedback on risky decision making. *Organizational behavior and human decision processes, 65*(2), 148-158.
174 Zeelenberg, M. (1999). Anticipated regret, expected feedback and behavioral decision making. *Journal of behavioral decision making, 12*(2), 93-106.
175 Tsiros, M., & Mittal, V. (2000). Regret: A model of its antecedents and

divergent consequences for experience, expression, and physiology. *Journal of personality and social psychology, 74*(1), 224.
147 Lazarus, R. S., & Folkman, S. (1984). *Stress, appraisal, and coping.* Springer publishing company.
148 Clance, P. R., & Imes, S. A. (1978). The imposter phenomenon in high achieving women: Dynamics and therapeutic intervention. *Psychotherapy: Theory, research & practice, 15*(3), 241.
149 Brooks, A. W. (2014). Get excited: reappraising pre-performance anxiety as excitement. *Journal of Experimental Psychology: General, 143*(3), 1144.
150 Schwarz, N., & Clore, G. L. (1983). Mood, misattribution, and judgments of well-being: Informative and directive functions of affective states. *Journal of personality and social psychology, 45*(3), 513.
151 Taylor, S. E., & Lobel, M. (1989). Social comparison activity under threat: downward evaluation and upward contacts. *Psychological review, 96*(4), 569.
152 https://www.caa.go.jp/policies/policy/consumer_policy/meeting_materials/assets/internet_committee_221021_02.pdf&sa=D&source=docs&ust=1680627358566890&usg=AOvVaw1gY0zJryYrN90MjK17hYnw
153 Shah, A. M., Eisenkraft, N., Bettman, J. R., & Chartrand, T. L. (2016). "Paper or plastic?": How we pay influences post-transaction connection. *Journal of Consumer Research, 42*(5), 688-708.
154 Yang, S. S., Kimes, S. E., & Sessarego, M. M. (2009). $ or dollars: Effects of menu-price formats on restaurant checks.
155 Hull, C. L. (1932). The goal-gradient hypothesis and maze learning. *Psychological review, 39*(1), 25.
156 Kivetz, R., Urminsky, O., & Zheng, Y. (2006). The goal-gradient hypothesis resurrected: Purchase acceleration, illusionary goal progress, and customer retention. *Journal of marketing research, 43*(1), 39-58.
157 Dunn, E. W., Gilbert, D. T., & Wilson, T. D. (2011). If money doesn't make you happy, then you probably aren't spending it right. *Journal of Consumer Psychology, 21*(2), 115-125.
158 Dunn, E., & Norton, M. (2014). *Happy money: The science of happier spending.* Simon and Schuster.
159 Rick, S. I., Pereira, B., & Burson, K. A. (2014). The benefits of retail therapy: Making purchase decisions reduces residual sadness. *Journal of Consumer Psychology, 24*(3), 373-380.
160 Mills, R. T., & Krantz, D. S. (1979). Information, choice, and reactions to stress: A field experiment in a blood bank with laboratory analogue. *Journal of Personality and Social Psychology, 37*(4), 608.

evidence of massive-scale emotional contagion through social networks. *Proceedings of the National Academy of Sciences, 111*(24), 8788-8790.
134 Stajkovic, A. D., Latham, G. P., Sergent, K., & Peterson, S. J. (2019). Prime and performance: Can a CEO motivate employees without their awareness?. *Journal of Business and Psychology, 34*(6), 791-802.
135 Fredrickson, B. L. (1998). What good are positive emotions?. *Review of General Psychology, 2*(3), 300-319.
136 Fredrickson, B. L. (2001). The role of positive emotions in positive psychology: The broaden-and-build theory of positive emotions. *American psychologist, 56*(3), 218.
137 Fredrickson, B. L. (2004). The broaden–and–build theory of positive emotions. Philosophical transactions of the royal society of London. *Series B: Biological Sciences, 359*(1449), 1367-1377.
138 Marzilli Ericson, K. M., & Fuster, A. (2014). The endowment effect. *Annu. Rev. Econ., 6*(1), 555-579.
139 Kahneman, D., Knetsch, J. L., & Thaler, R. H. (1991). Anomalies: The endowment effect, loss aversion, and status quo bias. *Journal of Economic perspectives, 5*(1), 193-206.
140 Pierce, J. L., Kostova, T., & Dirks, K. T. (2003). The state of psychological ownership: Integrating and extending a century of research. *Review of general psychology, 7*(1), 84-107.
141 Pierce, J. L., Kostova, T., & Dirks, K. T. (2001). Toward a theory of psychological ownership in organizations. *Academy of management review, 26*(2), 298-310.
142 Jami, A., Kouchaki, M., & Gino, F. (2021). I own, so I help out: How psychological ownership increases prosocial behavior. *Journal of Consumer Research, 47*(5), 698-715.
143 Brasel, S. A., & Gips, J. (2014). Tablets, touchscreens, and touchpads: How varying touch interfaces trigger psychological ownership and endowment. *Journal of Consumer Psychology, 24*(2), 226-233.
144 Van Dyne, L., & Pierce, J. L. (2004). Psychological ownership and feelings of possession: Three field studies predicting employee attitudes and organizational citizenship behavior. *Journal of Organizational Behavior: The International Journal of Industrial, Occupational and Organizational Psychology and Behavior, 25*(4), 439-459.
145 Gross, J. J. (1998). The emerging field of emotion regulation: An integrative review. *Review of general psychology, 2*(3), 271-299.
146 Gross, J. J. (1998). Antecedent-and response-focused emotion regulation:

118 Kahneman, D. (2003). Experiences of collaborative research. *American Psychologist, 58*(9), 723.
119 Slovic, P., Finucane, M. L., Peters, E., & MacGregor, D. G. (2007). The affect heuristic. *European journal of operational research, 177*(3), 1333-1352.
120 Finucane, M. L., Alhakami, A., Slovic, P., & Johnson, S. M. (2000). The affect heuristic in judgments of risks and benefits. *Journal of behavioral decision making, 13*(1), 1-17.
121 Zajonc, R. B. (1980). Feeling and thinking: Preferences need no inferences. *American psychologist, 35*(2), 151.
122 Murphy, S. T., & Zajonc, R. B. (1993). Affect, cognition, and awareness: affective priming with optimal and suboptimal stimulus exposures. *Journal of personality and social psychology, 64*(5), 723.
123 Winkielman, P., & Zajonc & Norbert Schwarz, R. B. (1997). Subliminal affective priming resists attributional interventions. *Cognition & Emotion, 11*(4), 433-465.
124 Clore, G. L. (1992). Cognitive phenomenology: Feelings and the construction of judgment. *The construction of social judgments, 10,* 133-163.
125 Clore, G. L., Gasper, K., & Garvin, E. (2001). Affect as information. *Handbook of affect and social cognition,* 121-144.
126 Schwarz, N., & Clore, G. L. (2003). Mood as information: 20 years later. *Psychological inquiry, 14*(3-4), 296-303.
127 Slovic, P. E. (2000). *The perception of risk.* Earthscan publications.
128 Slovic, P., & Peters, E. (2006). Risk perception and affect. *Current directions in psychological science, 15*(6), 322-325.
129 Slovic, P., Monahan, J., & MacGregor, D. G. (2000). Violence risk assessment and risk communication: The effects of using actual cases, providing instruction, and employing probability versus frequency formats. *Law and human behavior, 24,* 271-296.
130 Dickert, S., Sagara, N., & Slovic, P. (2011). Affective motivations to help others. *The science of giving: Experimental approaches to the study of charity,* 161-178.
131 Damasio, A. R. (1996). The somatic marker hypothesis and the possible functions of the prefrontal cortex. Philosophical Transactions of the Royal Society of London. *Series B: Biological Sciences, 351*(1346), 1413-1420.
132 Bechara, A., & Damasio, A. R. (2005). The somatic marker hypothesis: A neural theory of economic decision. *Games and economic behavior, 52*(2), 336-372.
133 Kramer, A. D., Guillory, J. E., & Hancock, J. T. (2014). Experimental

105 Englich, B., Mussweiler, T., & Strack, F. (2006). Playing dice with criminal sentences: The influence of irrelevant anchors on experts' judicial decision making. *Personality and Social Psychology Bulletin, 32*(2), 188-200.

106 Langer, E., Blank, A., & Chanowitz, B. (1978). The mindlessness of Ostensibly Thoughtful Action: The Role of "Placebic" Information in Interpersonal Interaction. *Journal of Personality and Social Psychology, 36*(6), 635-642.

107 Dixon, M., & Toman, N. (2010, July 13). *How call centers use behavioral economics to sway customers.* Harvard Business Review. Retrieved from https://hbr.org/2010/07/how-call-centers-use-behaviora

108 Levin, I. P. (1987). Associative effects of information framing. *Bulletin of the psychonomic society, 25*(2), 85-86.

109 Levin, I. P., & Gaeth, G. J. (1988). How consumers are affected by the framing of attribute information before and after consuming the product. *Journal of consumer research, 15*(3), 374-378.

110 Tversky, A., & Kahneman, D. (1981). The framing of decisions and the psychology of choice. *science, 211*(4481), 453-458.

111 Kahneman, D., & Tversky, A. (1979). Prospect theory: An analysis of decision under risk. Econometrica, 47(2), 363-391.

112 Payne, J. W., Sagara, N., Shu, S. B., Appelt, K. C., & Johnson, E. J. (2013). Life expectancy as a constructed belief: Evidence of a live-to or die-by framing effect. *Journal of Risk and Uncertainty, 46*, 27-50.

113 Danziger, S., Levav, J., & Avnaim-Pesso, L. (2011). Extraneous factors in judicial decisions. *Proceedings of the National Academy of Sciences, 108*(17), 6889-6892.

114 Loewenstein, G. (2005). Hot-cold empathy gaps and medical decision making. *Health psychology, 24*(4S), S49.

115 Milkman, K. L., Rogers, T., & Bazerman, M. H. (2010). I'll have the ice cream soon and the vegetables later: A study of online grocery purchases and order lead time. *Marketing Letters, 21*(1), 17-35.

第 3 章

116 Edmans, A., Fernandez-Perez, A., Garel, A., & Indriawan, I. (2022). Music sentiment and stock returns around the world. *Journal of Financial Economics, 145*(2), 234-254.

117 Johnson, E. J., Hershey, J., Meszaros, J., & Kunreuther, H. (1993). Framing, probability distortions, and insurance decisions. *Journal of risk and uncertainty, 7*(1), 35-51.

https://www.vanityfair.com/news/2012/10/michael-lewis-profile-barack-obama
92 Cable News Network. (2015, October 9). *This is why geniuses always wear the same outfit...* CNN. Retrieved from https://www.cnn.com/2015/10/09/world/gallery/decision-fatigue-same-clothes/index.html
93 Bloem, C. (2018, March 1). *Successful people like Barack Obama and Mark Zuckerberg wear the same thing every day - and it's not a coincidence.* Business Insider. Retrieved from https://www.businessinsider.com/successful-people-like-barack-obama-wear-the-same-thing-every-day-2018-2
94 Chartrand, T. L., & Bargh, J. A. (1999). The chameleon effect: The perception–behavior link and social interaction. *Journal of personality and social psychology, 76*(6), 893.
95 Murphy, S. T., & Zajonc, R. B. (1993). Affect, cognition, and awareness: affective priming with optimal and suboptimal stimulus exposures. *Journal of personality and social psychology, 64*(5), 723.
96 Mandel, N., & Johnson, E. J. (2002). When web pages influence choice: Effects of visual primes on experts and novices. *Journal of consumer research, 29*(2), 235-245.
97 North, A. C., Hargreaves, D. J., & McKendrick, J. (1999). The influence of in-store music on wine selections. *Journal of Applied psychology, 84*(2), 271.
98 Areni, C. S., & Kim, D. (1993). The influence of background music on shopping behavior: classical versus top-forty music in a wine store. *ACR North American Advances.*
99 Simonson, I. (1993). Get closer to your customers by understanding how they make choices. *California Management Review, 35*(4), 68-84.
100 Hsee, C. K. (1996). The evaluability hypothesis: An explanation for preference reversals between joint and separate evaluations of alternatives. *Organizational behavior and human decision processes, 67*(3), 247-257.
101 Hsee, C. K., Loewenstein, G. F., Blount, S., & Bazerman, M. H. (1999). Preference reversals between joint and separate evaluations of options: A review and theoretical analysis. *Psychological bulletin, 125*(5), 576.
102 Johnson, E. J., & Goldstein, D. (2003). Do defaults save lives?. *Science, 302*(5649), 1338-1339.
103 Bergman, O., Ellingsen, T., Johannesson, M., & Svensson, C. (2010). Anchoring and cognitive ability. *Economics Letters, 107*(1), 66-68.
104 Furnham, A., & Boo, H. C. (2011). A literature review of the anchoring effect. *The journal of socio-economics, 40*(1), 35-42.

77 Iqbal, S. T., & Horvitz, E. (2007, April). Disruption and recovery of computing tasks: field study, analysis, and directions. In *Proceedings of the SIGCHI conference on Human factors in computing systems* (pp. 677-686).

78 Edmunds, A., & Morris, A. (2000). The problem of information overload in business organisations: a review of the literature. *International journal of information management, 20*(1), 17-28.

79 Speier, C., Valacich, J. S., & Vessey, I. (1999). The influence of task interruption on individual decision making: An information overload perspective. *Decision sciences, 30*(2), 337-360.

80 Mark, G., Gudith, D., & Klocke, U. (2008, April). The cost of interrupted work: more speed and stress. In *Proceedings of the SIGCHI conference on Human Factors in Computing Systems* (pp. 107-110).

81 CGMA. (2016, February). *Joining the Dots: Decision Making for a New Era.*

82 Bawden, D., & Robinson, L. (2009). The dark side of information: overload, anxiety and other paradoxes and pathologies. *Journal of information science, 35*(2), 180-191.

83 Farhoomand, A. F., & Drury, D. H. (2002). Managerial information overload. *Communications of the ACM.*

84 Przybylski, A. K., Murayama, K., DeHaan, C. R., & Gladwell, V. (2013). Motivational, emotional, and behavioral correlates of fear of missing out. *Computers in human behavior, 29*(4), 1841-1848.

85 Herman, D. (2000). Introducing short-term brands: A new branding tool for a new consumer reality. *Journal of Brand Management, 7*(5), 330-340.

86 Reutskaja, E., Cheek, N. N., Iyengar, S., & Schwartz, B. (2022). Choice Deprivation, Choice Overload, and Satisfaction with Choices Across Six Nations. *Journal of International Marketing, 30*(3), 18-34.

87 Juran, J. M., & De Feo, J. A. (2010). *Juran's quality handbook: the complete guide to performance excellence.* McGraw-Hill Education.

88 Lynch Jr., J. G., & Ariely, D. (2000). Wine online: Search costs affect competition on price, quality, and distribution. *Marketing science, 19*(1), 83-103.

89 Shah, A. M., & Wolford, G. (2007). Buying behavior as a function of parametric variation of number of choices. *PSYCHOLOGICAL SCIENCE-CAMBRIDGE-, 18*(5), 369.

90 Iyengar, S. S., & Lepper, M. R. (2000). When choice is demotivating: Can one desire too much of a good thing?. *Journal of personality and social psychology, 79*(6), 995.

91 Lewis, M. (2012, September 11). *Obama's way.* Vanity Fair. Retrieved from

Anatomie und Physiologie, Physiologische Abteilung, 2, 263-270.

61 Bruner, J. S., & Minturn, A. L. (1955). Perceptual identification and perceptual organization. *The Journal of General Psychology, 53*(1), 21-28.

62 Clinedinst, M. (2019). 2019 State of College Admission. *National Association for College Admission Counseling.*

63 Simonsohn, U. (2010). Weather to go to college. *The Economic Journal, 120*(543), 270-280.

64 Simonsohn, U. (2007). Clouds make nerds look good: Field evidence of the impact of incidental factors on decision making. *Journal of Behavioral Decision Making, 20*(2), 143-152.

65 Ebbinghaus, H. (2013). Memory: A contribution to experimental psychology. *Annals of neurosciences, 20*(4), 155.

66 Murdock Jr., B. B. (1962). The serial position effect of free recall. *Journal of experimental psychology, 64*(5), 482.

67 Asch, S. E. (1946). Forming impressions of personality. *The Journal of Abnormal and Social Psychology, 41*(3), 258.

68 Glanzer, M., & Cunitz, A. R. (1966). Two storage mechanisms in free recall. *Journal of verbal learning and verbal behavior, 5*(4), 351-360.

69 Mantonakis, A., Rodero, P., Lesschaeve, I., & Hastie, R. (2009). Order in choice: Effects of serial position on preferences. *Psychological Science, 20*(11), 1309-1312.

70 Argo, J. J., Dahl, D. W., & Manchanda, R. V. (2005). The influence of a mere social presence in a retail context. *Journal of consumer research, 32*(2), 207-212.

71 Deci, E. L. (1971). Effects of externally mediated rewards on intrinsic motivation. *Journal of personality and Social Psychology, 18*(1), 105.

72 Deci, E. L., Koestner, R., & Ryan, R. M. (1999). A meta-analytic review of experiments examining the effects of extrinsic rewards on intrinsic motivation. *Psychological bulletin, 125*(6), 627.

73 Frey, B. S., & Jegen, R. (2001). Motivation crowding theory. *Journal of economic surveys, 15*(5), 589-611.

74 Lepper, M. R., Greene, D., & Nisbett, R. E. (1973). Undermining children's intrinsic interest with extrinsic reward: A test of the "overjustification" hypothesis. *Journal of Personality and social Psychology, 28*(1), 129.

75 Spira, J. B., & Burke, C. (2009). *Intel's War on Information Overload: A Case Study.* New York, Basex.

76 Hemp, P. (2009). Death by information overload. *Harvard business review, 87*(9), 82-9.

The effect of camera angle on product evaluations. *Journal of marketing research, 29*(4), 454-461.

47 Van Rompay, T. J., & Pruyn, A. T. (2011). When visual product features speak the same language: Effects of shape-typeface congruence on brand perception and price expectations. *Journal of product innovation management, 28*(4), 599-610.

48 Sundar, A., & Noseworthy, T. J. (2014). Place the logo high or low? Using conceptual metaphors of power in packaging design. *Journal of Marketing, 78*(5), 138-151.

49 Frederick, S., Loewenstein, G., & O'donoghue, T. (2002). Time discounting and time preference: A critical review. *Journal of economic literature, 40*(2), 351-401.

50 Laibson, D. (1997). Golden eggs and hyperbolic discounting. *The Quarterly Journal of Economics, 112*(2), 443-478.

51 Olivola, C. Y., & Sagara, N. (2009). Distributions of observed death tolls govern sensitivity to human fatalities. *Proceedings of the National Academy of Sciences, 106*(52), 22151-22156.

52 Liberman, N., Trope, Y., & Wakslak, C. (2007). Construal level theory and consumer behavior. *Journal of consumer psychology, 17*(2), 113-117.

53 Trope, Y., & Liberman, N. (2010). Construal-level theory of psychological distance. *Psychological review, 117*(2), 440.

54 Buehler, R., Griffin, D., & Ross, M. (1994). Exploring the "planning fallacy": Why people underestimate their task completion times. *Journal of personality and social psychology, 67*(3), 366.

55 Sharot, T. (2011). The optimism bias. *Current biology, 21*(23), R941-R945.

56 Brickman, P., Coates, D., & Janoff-Bulman, R. (1978). Lottery winners and accident victims: Is happiness relative?. *Journal of personality and social psychology, 36*(8), 917.

57 Diener, E., Lucas, R. E., & Scollon, C. N. (2009). Beyond the hedonic treadmill: Revising the adaptation theory of well-being. *The science of well-being: The collected works of Ed Diener*, 103-118.

58 Yeung, C. W., & Soman, D. (2007). The duration heuristic. *Journal of Consumer Research, 34*(3), 315-326.

第 2 章

59 Sahakian, B., & LaBuzetta, J. N. (2013). *Bad Moves: How decision making goes wrong, and the ethics of smart drugs.* OUP Oxford.

60 Muller-Lyer, F. C. (1889). Optische urteilstauschungen. *Archiv fur*

task. *Quarterly Journal of Experimental Psychology, 12*(3), 129-140.
31 Bock, L. (2015). *Work rules!: Insights from inside Google that will transform how you live and lead.* Twelve.
32 Thorndike, E. L. (1920). A constant error in psychological ratings. *Journal of applied psychology, 4*(1), 25-29.
33 Hasher, L., Goldstein, D., & Toppino, T. (1977). Frequency and the conference of referential validity. *Journal of verbal learning and verbal behavior, 16*(1), 107-112.
34 Brashier, N. M., Eliseev, E. D., & Marsh, E. J. (2020). An initial accuracy focus prevents illusory truth. *Cognition, 194,* 104054.
35 Freedman, J. L., & Fraser, S. C. (1966). Compliance without pressure: the foot-in-the-door technique. *Journal of personality and social psychology, 4*(2), 195.
36 Bazerman, M. H., Curhan, J. R., Moore, D. A., & Valley, K. L. (2000). Negotiation. *Annual review of psychology, 51*(1), 279-314.
37 Tversky, A., & Kahneman, D. (1981). The framing of decisions and the psychology of choice. *science, 211*(4481), 453-458.
38 Hogarth, R. M. (1987). *Judgement and choice: The psychology of decision.* John Wiley & Sons.
39 Thaler, R. (1985). Mental accounting and consumer choice. *Marketing science, 4*(3), 199-214.
40 Nordgren, L. F., Harreveld, F. V., & Pligt, J. V. D. (2009). The restraint bias: How the illusion of self-restraint promotes impulsive behavior. *Psychological science, 20*(12), 1523-1528.
41 Lakoff, G., & Johnson, M. (1980). Conceptual metaphor in everyday language. *The journal of Philosophy, 77*(8), 453-486.
42 Lakoff, G., Johnson, M., & Sowa, J. F. (1999). Review of Philosophy in the Flesh: The embodied mind and its challenge to Western thought. *Computational Linguistics, 25*(4), 631-634.
43 Laird, J. D. (1974). Self-attribution of emotion: the effects of expressive behavior on the quality of emotional experience. *Journal of personality and social psychology, 29*(4), 475.
44 Williams, L. E., & Bargh, J. A. (2008). Experiencing physical warmth promotes interpersonal warmth. *Science, 322*(5901), 606-607.
45 Peracchio, L. A., & Meyers-Levy, J. (2005). Using stylistic properties of ad pictures to communicate with consumers. *Journal of Consumer Research, 32*(1), 29-40.
46 Meyers-Levy, J., & Peracchio, L. A. (1992). Getting an angle in advertising:

behavioral foundations of public policy, 25, 428-439.

17 Johnson, E. J., Shu, S. B., Dellaert, B. G., Fox, C., Goldstein, D. G., Häubl, G., ... & Weber, E. U. (2012). Beyond nudges: Tools of a choice architecture. *Marketing letters, 23,* 487-504.

18 Thaler, R. H., & Sunstein, C. R. (2009). *Nudge: Improving decisions about health, wealth, and happiness.* Penguin.

第 1 章

19 Frederick, S. (2005). Cognitive reflection and decision making. *Journal of Economic perspectives, 19*(4), 25-42.

20 Kahneman, D. (2011). *Thinking, fast and slow.* macmillan.

21 Tversky, A., & Kahneman, D. (1974). Judgment under Uncertainty: Heuristics and Biases: Biases in judgments reveal some heuristics of thinking under uncertainty. *science, 185*(4157), 1124-1131.

22 Simon, H. A. (1971). Designing organizations for an information-rich world. *Computers, communications, and the public interest, 72,* 37.

23 Arkes, H. R., & Blumer, C. (1985), The psychology of sunk costs. *Organizational Behavior and Human Decision Processes, 35,* 124-140.

24 Rosenthal, R., & Jacobson, L. (1968). Pygmalion in the classroom. *The urban review, 3*(1), 16-20.

25 Gilovich, T., Vallone, R., & Tversky, A. (1985). The hot hand in basketball: On the misperception of random sequences. *Cognitive psychology, 17*(3), 295-314.

26 Berger, J., & Fitzsimons, G. (2008). Dogs on the street, pumas on your feet: How cues in the environment influence product evaluation and choice. Journal of marketing research, 45(1), 1-14.

27 Strom, S. (2013, September 26). *With tastes growing healthier, McDonald's aims to adapt its menu.* The New York Times. Retrieved from https://www.nytimes.com/2013/09/27/business/mcdonalds-moves-toward-a-healthier-menu.html

28 Jargon, J. (2017, March 1). *McDonald's decides to embrace fast-food identity.* The Wall Street Journal. Retrieved from https://www.wsj.com/articles/mcdonalds-to-expand-mobile-delivery-as-it-plots-future-1488390702

29 Oswald, M. E., & Grosjean, S. (2004). Confirmation bias. *Cognitive illusions: A handbook on fallacies and biases in thinking, judgement and memory, 79.*

30 Wason, P. C. (1960). On the failure to eliminate hypotheses in a conceptual

参考文献

序章

1 Denes-Raj, V., & Epstein, S. (1994). Conflict between intuitive and rational processing: when people behave against their better judgment. *Journal of personality and social psychology, 66*(5), 819.

2 Kahneman, D., & Tversky, A. (1979). Prospect theory: An analysis of decision under risk. Econometrica, 47(2), 363-391.

3 Kahneman, D. (1991). Article commentary: Judgment and decision making: A personal view. *Psychological science, 2*(3), 142-145.

4 Shiller, R. J. (2015). Irrational exuberance. Princeton university press.

5 Smith, A. (1776). *An inquiry into the nature and causes of the wealth of nations.*

6 Smith, A. (1759). *The theory of moral sentiments.*

7 Thaler, R. H., & Benartzi, S. (2004). Save more tomorrow™: Using behavioral economics to increase employee saving. *Journal of political Economy, 112*(S1), *S164-S187.*

8 King, B. (2022, January 13). *Those who married once more likely than others to have retirement savings*. Census.gov. Retrieved from https://www.census.gov/library/stories/2022/01/women-more-likely-than-men-to-have-no-retirement-savings.html

9 Nickerson, D. W., & Rogers, T. (2010). Do you have a voting plan? Implementation intentions, voter turnout, and organic plan making. *Psychological Science, 21*(2), 194-199.

10 Nickerson, D. W., & Rogers, T. (2014). Political campaigns and big data. *Journal of Economic Perspectives, 28*(2), 51-74.

11 Ghose, S. (2021, January 21). *Behavioral economics: The Entrepreneur's best friend?.* UC Berkeley Sutardja Center for Entrepreneurship & Technology. Retrieved from https://scet.berkeley.edu/behavioral-economics-the-entrepreneurs-best-friend/

12 Shah, A. K., & Oppenheimer, D. M. (2008). Heuristics made easy: an effort-reduction framework. Psychological bulletin, 134(2), 207.

13 Gigerenzer, G. (2008). Why heuristics work. Perspectives on psychological science, 3(1), 20-29.

14 Shiv, B., & Fedorikhin, A. (1999). Heart and mind in conflict: The interplay of affect and cognition in consumer decision making. *Journal of consumer Research, 26*(3), 278-292.

15 Kahneman, D. (2011). *Thinking, fast and slow.* macmillan.

16 Thaler, R. H., Sunstein, C. R., & Balz, J. P. (2013). Choice architecture. *The*

著者略歴

相良 奈美香（さがら・なみか）

「行動経済学」博士。行動経済学コンサルタント。

日本人として数少ない「行動経済学」博士課程取得者であり、行動経済学コンサルティング会社代表。


オレゴン大学卒業、同大大学院 心理学「行動経済学専門」修士課程および、同大ビジネススクール「行動経済学専門」博士課程修了。

デューク大学ビジネススクール ポスドクを経て、行動経済学コンサルティング会社であるサガラ・コンサルティング設立、代表に就任。その後、世界3位のマーケティングリサーチ会社・イプソスにヘッドハントされ、同社・行動経済学センター（現・行動科学センター）創設者 兼 代表に就任。現在は、ビヘイビアル・サイエンス・グループ（行動科学グループ、別名シントニック・コンサルティング）代表として、行動経済学を含めた、行動科学のコンサルティングを世界に展開している。

まだ行動経済学が一般に広まる前から、「行動経済学をいかにビジネスに取り入れるか」、コンサルティングを行ってきた。アメリカ・ヨーロッパで金融、保険、ヘルスケア、製薬、テクノロジー、マーケティングなど幅広い業界の企業に行動経済学を取り入れ、行動経済学の最前線で活躍。

自身の研究はProceedings of the National Academy of Sciencesなどの権威ある査読付き学術誌のほか、ガーディアン紙、CBSマネーウォッチ、サイエンス・デイリーなどの多数のメディアで発表される。また、国際的な基調講演を頻繁に行い、その他にもイェール大学やスタンフォード大学、アメリカ大手のUberなどにも招かれ講演を行うなど、行動経済学を広める活動に従事している。

他、ペンシルベニア大学修士課程アドバイザーを務める。

行動経済学《こうどうけいざいがく》が最強《さいきょう》の学問《がくもん》である

2023年6月8日　初版第1刷発行
2024年10月29日　初版第14刷発行

著　者　相良 奈美香

発行者　出井貴完
発行所　SBクリエイティブ株式会社
〒105-0001　東京都港区虎ノ門2-2-1

ブックデザイン　小口翔平＋後藤司＋青山風音（tobufune）
本文イラスト　瀬川尚志
校　正　有限会社ペーパーハウス
DTP　株式会社RUHIA
編集協力　青木由美子
編集担当　水早 將
印刷・製本　中央精版印刷株式会社

本書をお読みになったご意見・ご感想を
下記URL、またはQRコードよりお寄せください。
https://isbn2.sbcr.jp/19503/

ISBN978-4-8156-1950-3